WORLD FLAGS: THE COLORING BOOK

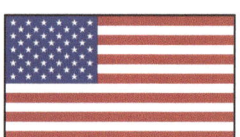 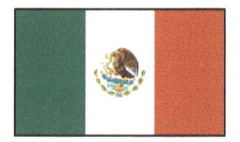 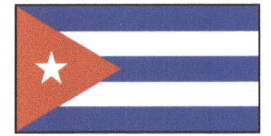 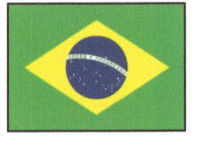 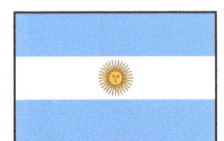

Join us on our journey across the world, coloring in one flag a time...

Our coloring book journey begins in North America.

Hey there! Thanks for buying this book – I really hope it has bought you value. All feedback is welcomed. If you have any enquiries, suggestions or just want to get in touch then feel free to send an email to ben@bclesterbooks.com

HAVE FUN WITH OUR GIFT TO YOU: A 3-IN-1 GEOGRAPHY QUIZ BOOK!

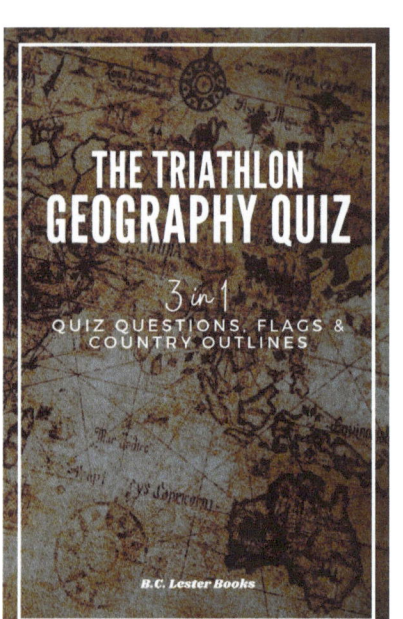

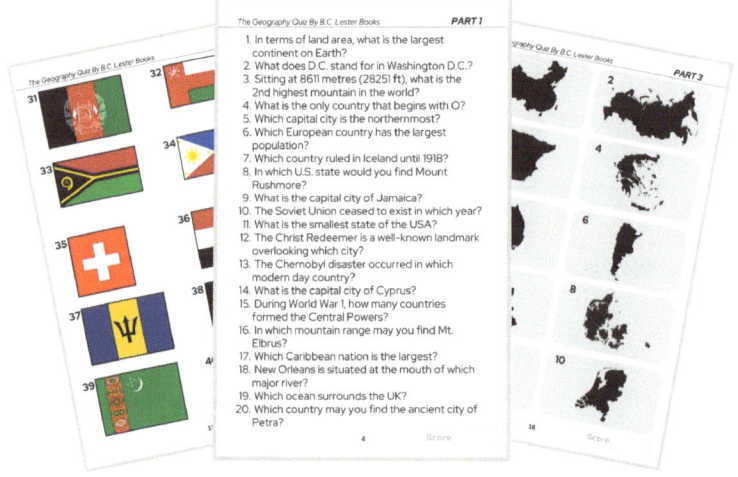

Go here to grab your FREE copy!
www.bclesterbooks.com/freebies/

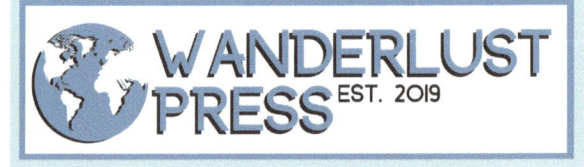

No part of this book may be copied, reproduced or sold without the express permission from the owner.
Copyright WANDERLUST PRESS© 2021. All rights reserved.

FLAGS OF THE AMERICAS

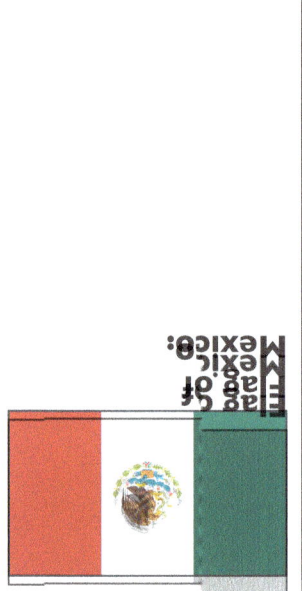

Flag of Mexico.

Flag of the United States of America.

Flag of Canada.

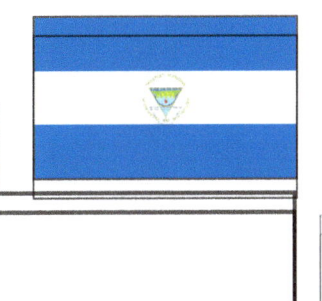
Flag of El Salvador.

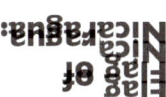
Flag of Nicaragua.

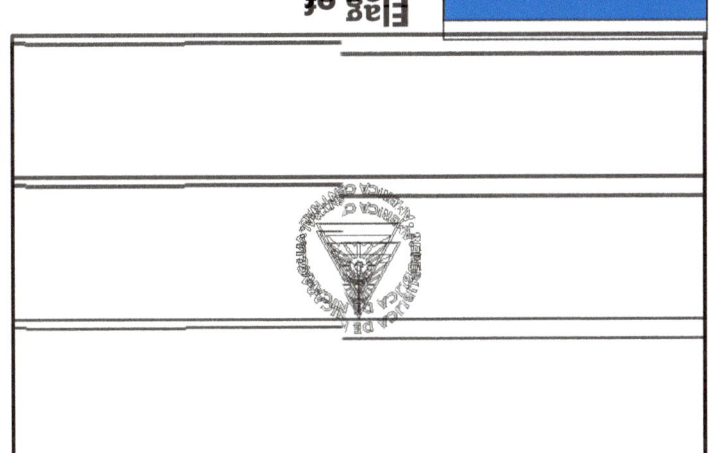

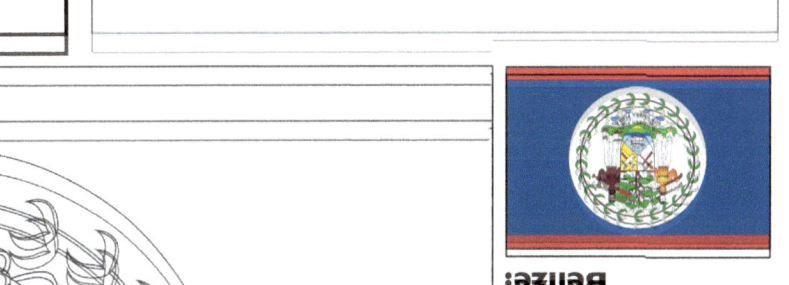
Flag of Belize.

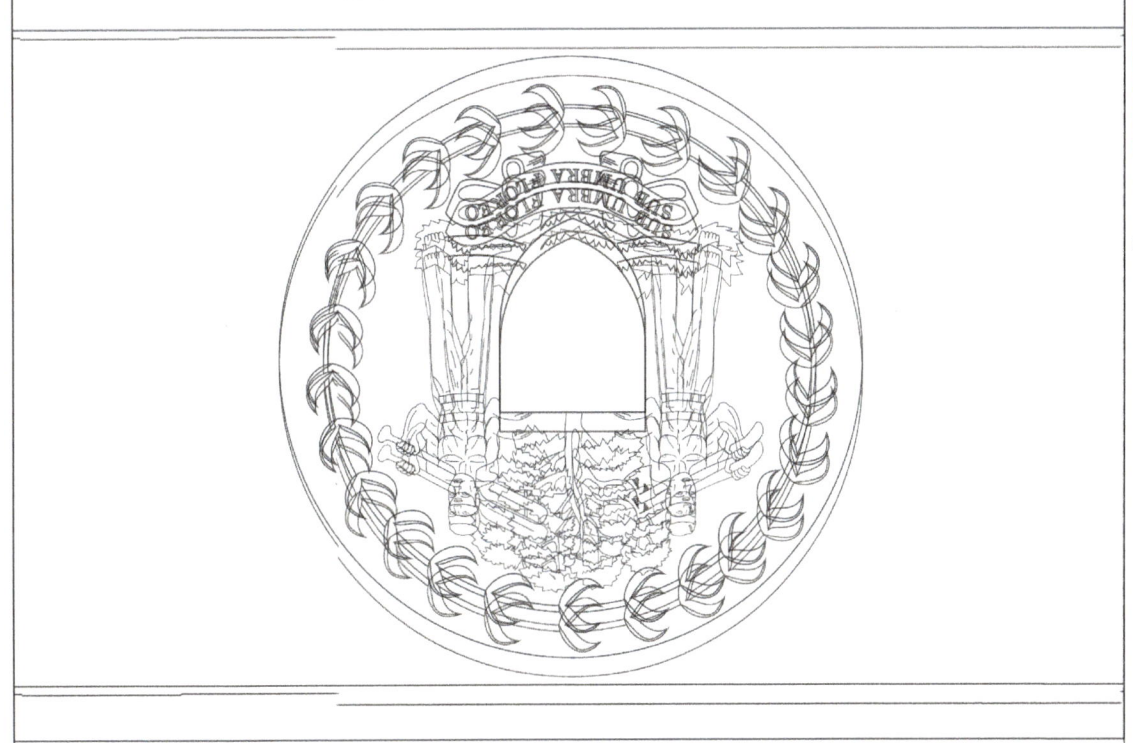

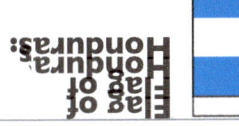
Flag of Honduras.

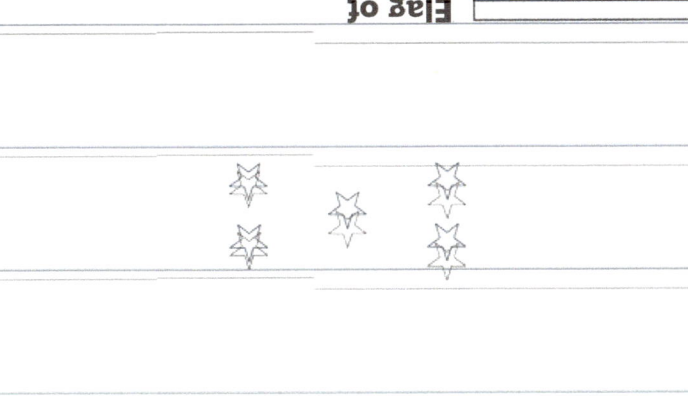
Flag of Guatemala.

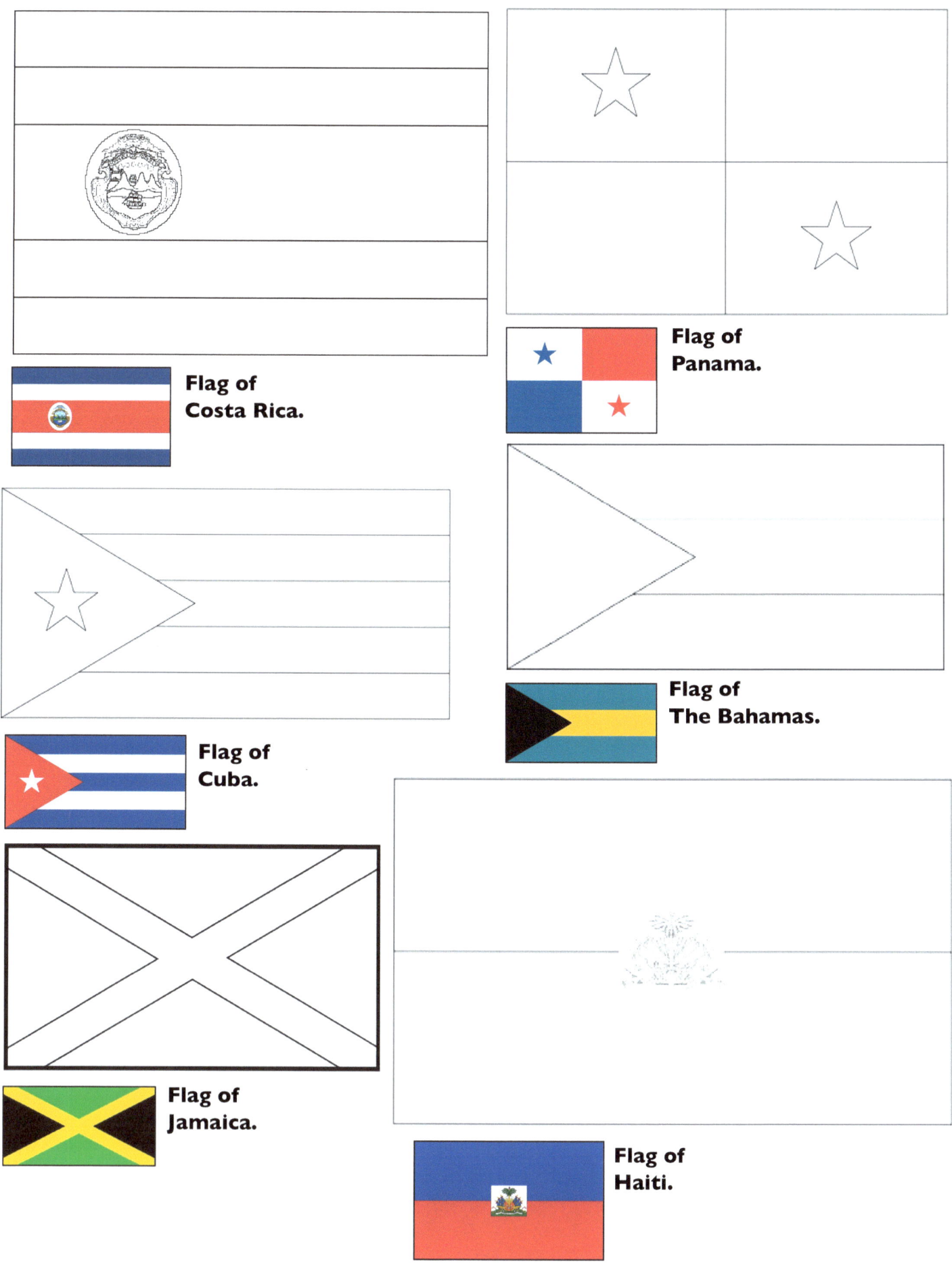

Flag of Costa Rica.

Flag of Panama.

Flag of Cuba.

Flag of The Bahamas.

Flag of Jamaica.

Flag of Haiti.

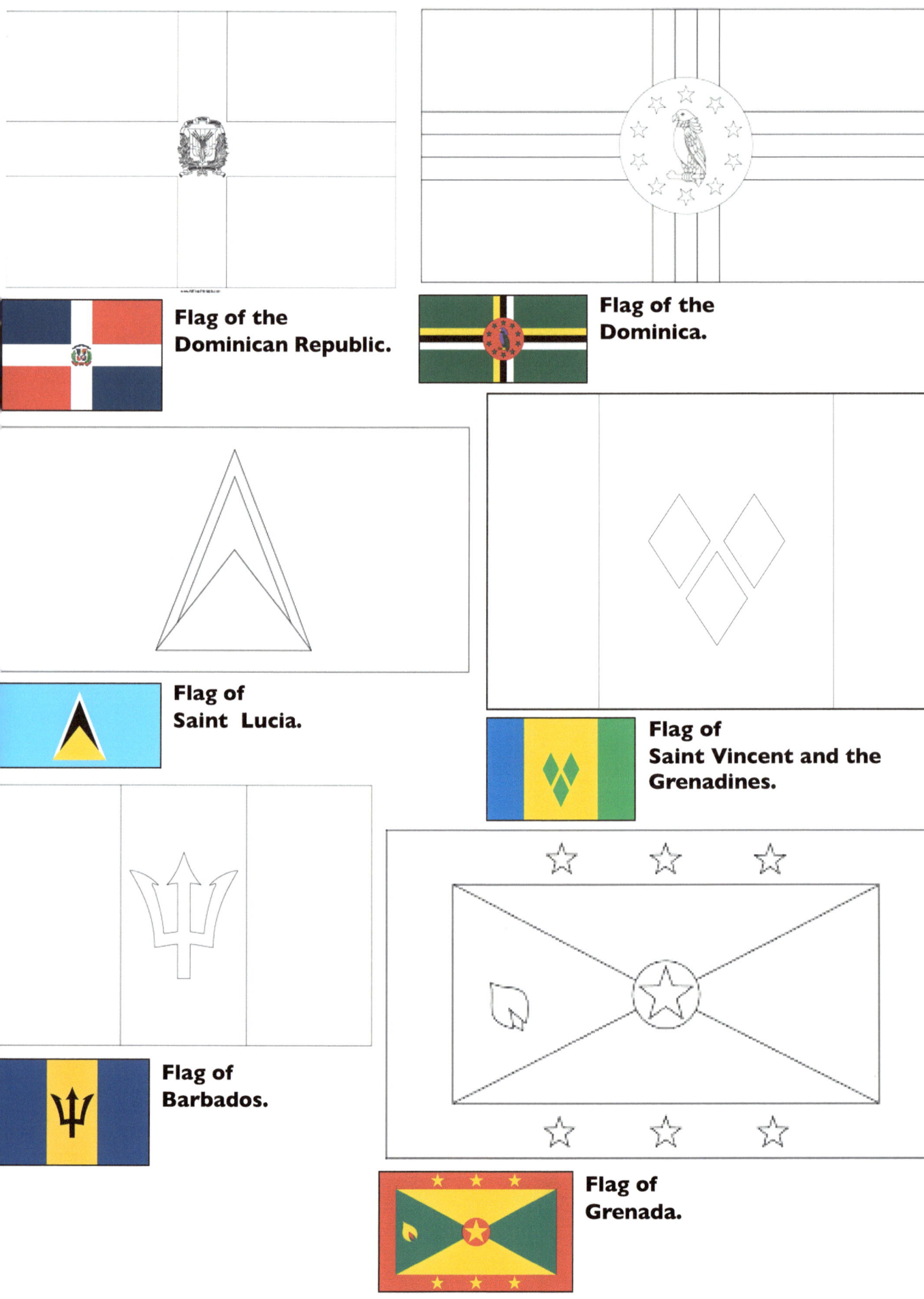

Flag of the Dominican Republic.

Flag of the Dominica.

Flag of Saint Lucia.

Flag of Saint Vincent and the Grenadines.

Flag of Barbados.

Flag of Grenada.

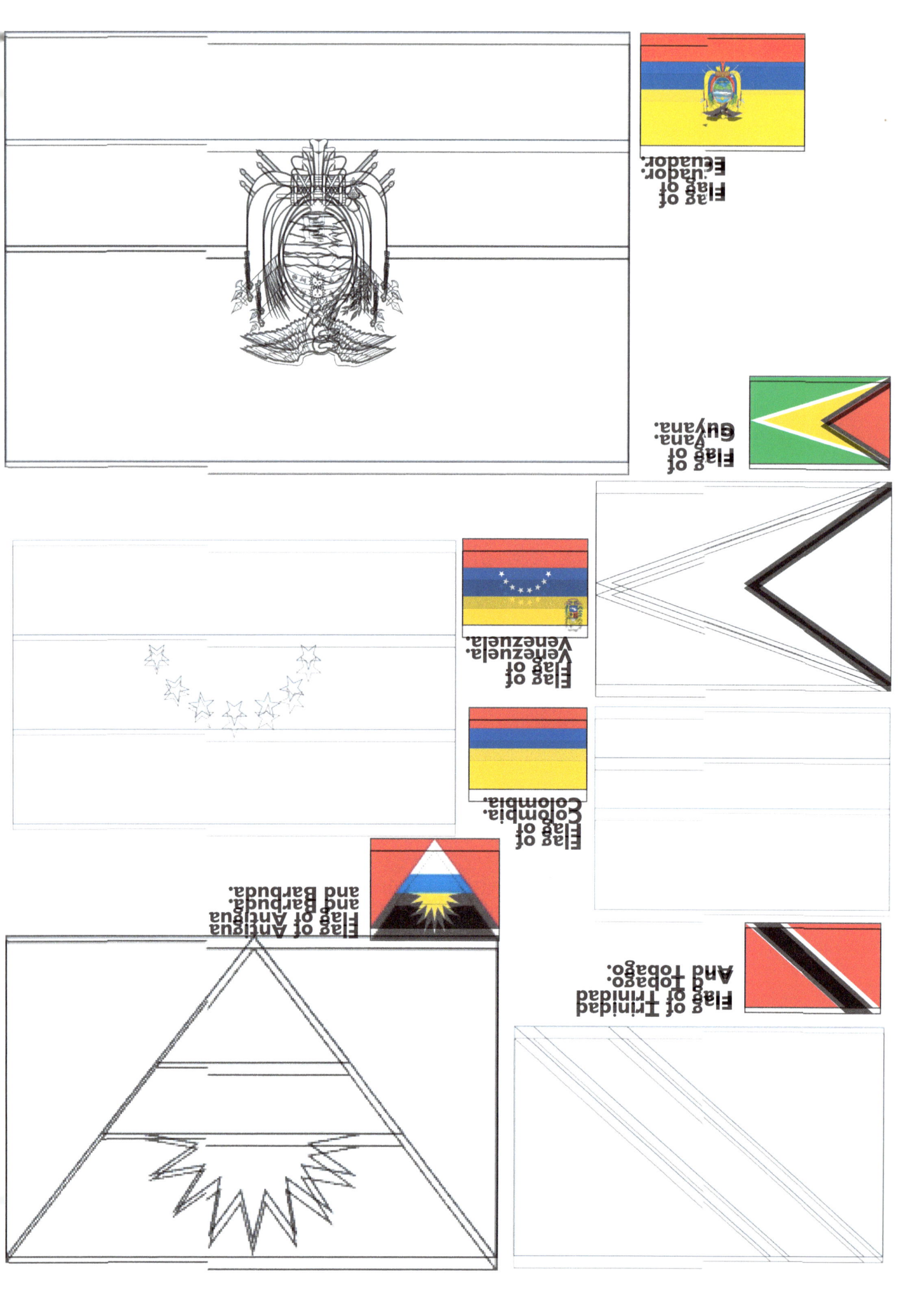

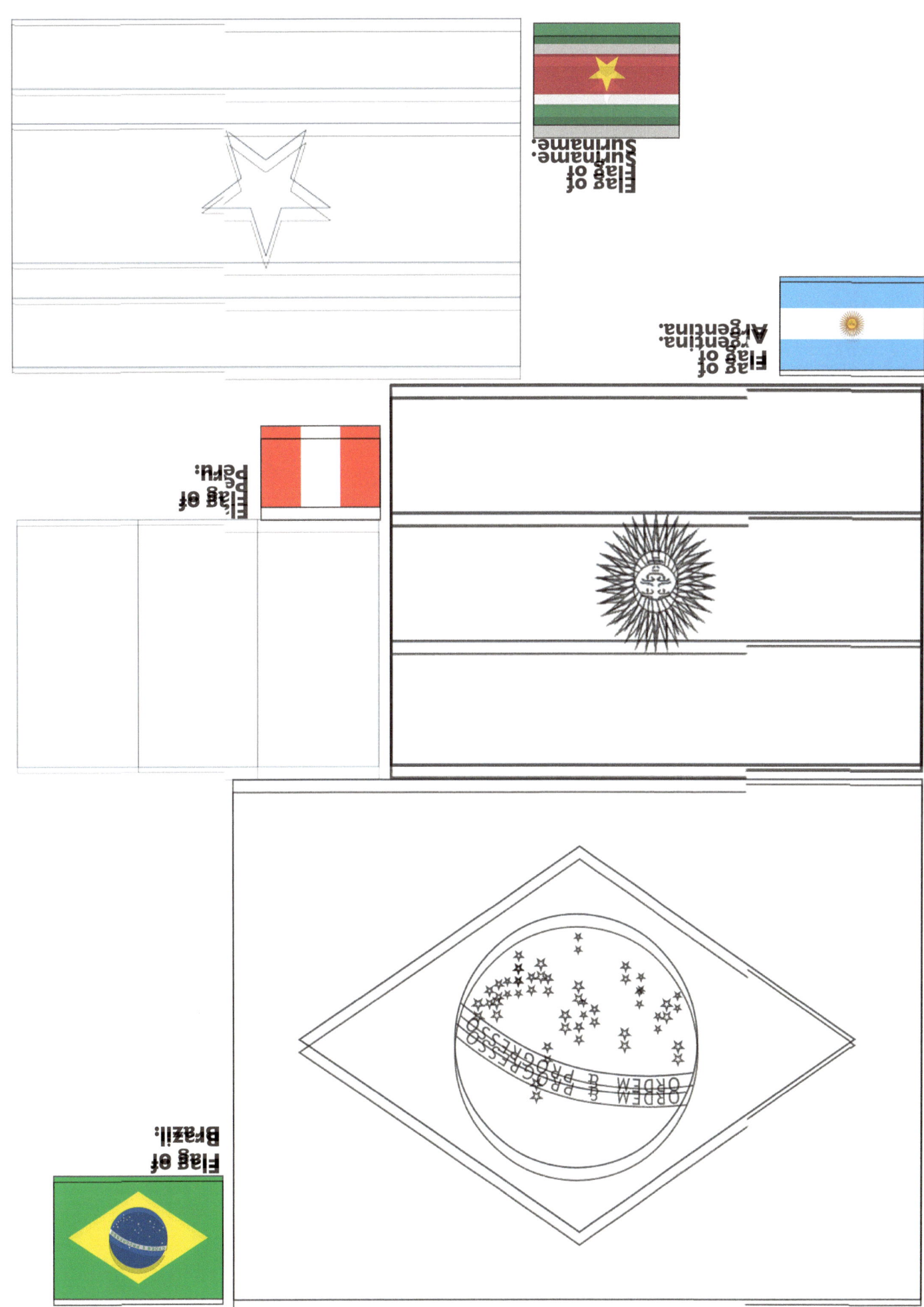

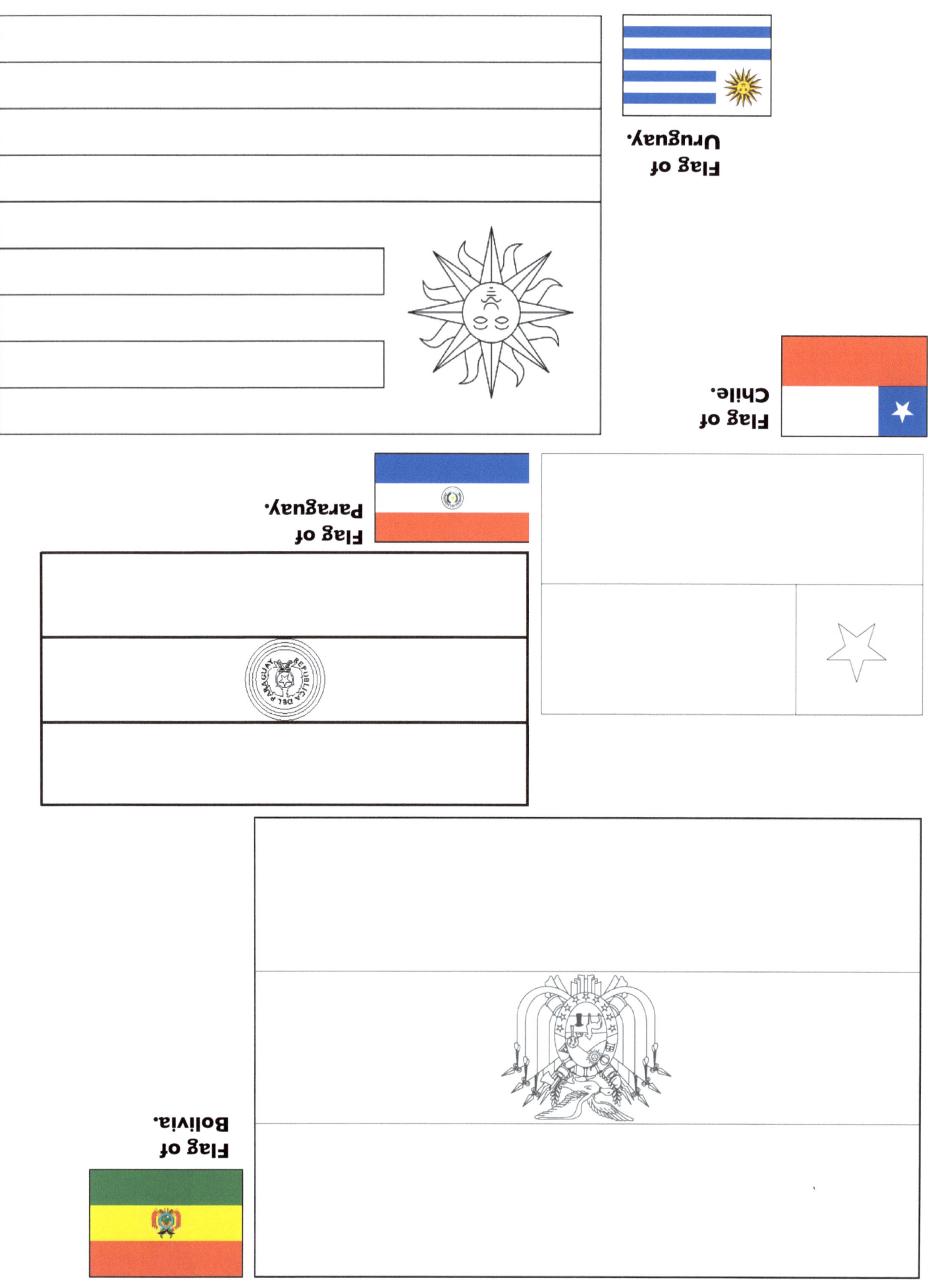

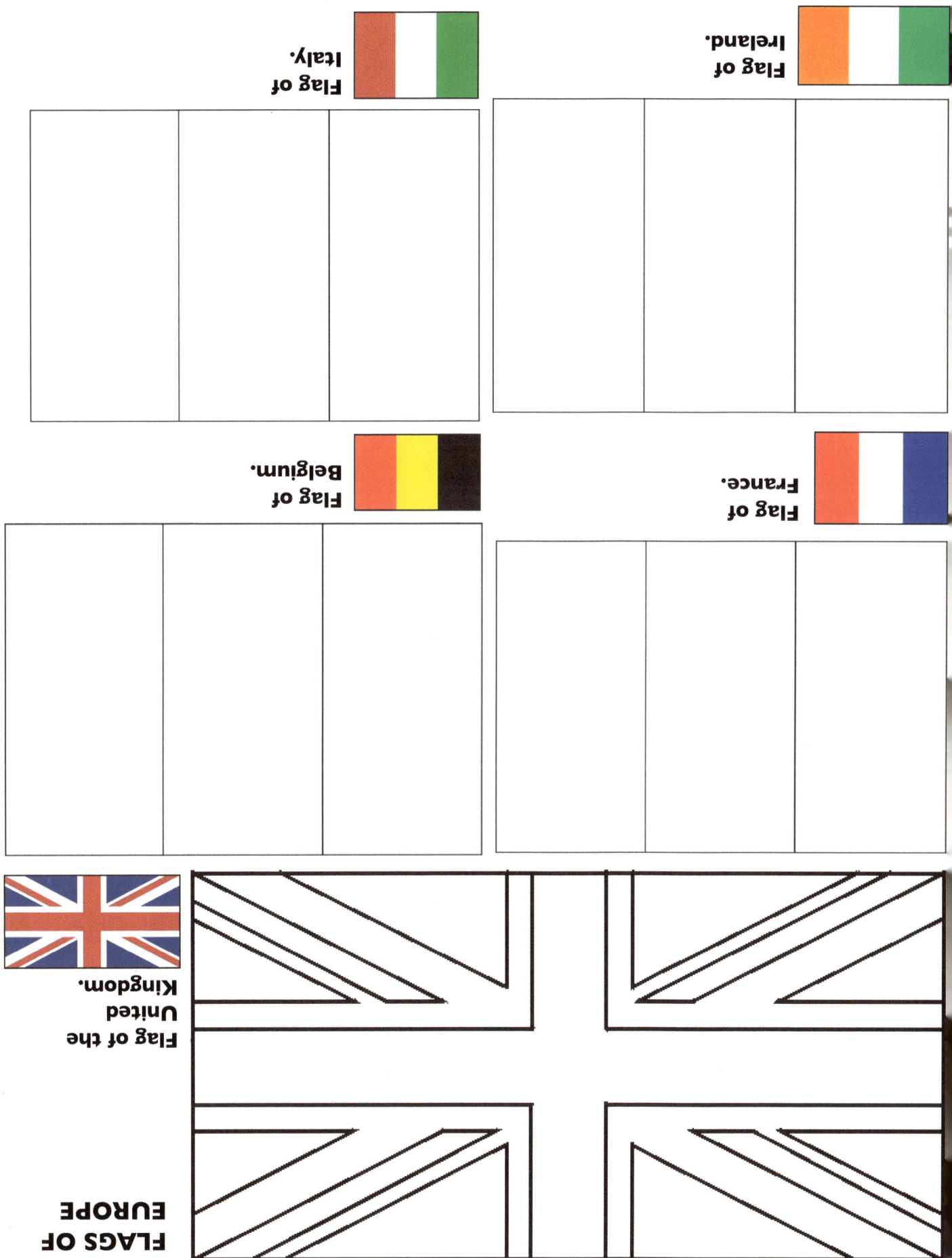

FLAGS OF EUROPE

Flag of Germany.

Flag of Luxembourg.

Flag of The Netherlands.

Flag of Portugal.

Flag of Spain.

Flag of
Flag of
Andorra.
Andorra.

Flag of San
Flag of San
Marino
Marino.

Flag of
Switzerland.
Switzerland.

Flag of
Poland.
Poland.

Flag of
Monaco.
Monaco.

Flag of
Flag of
Liechtenstein
Liechtenstein

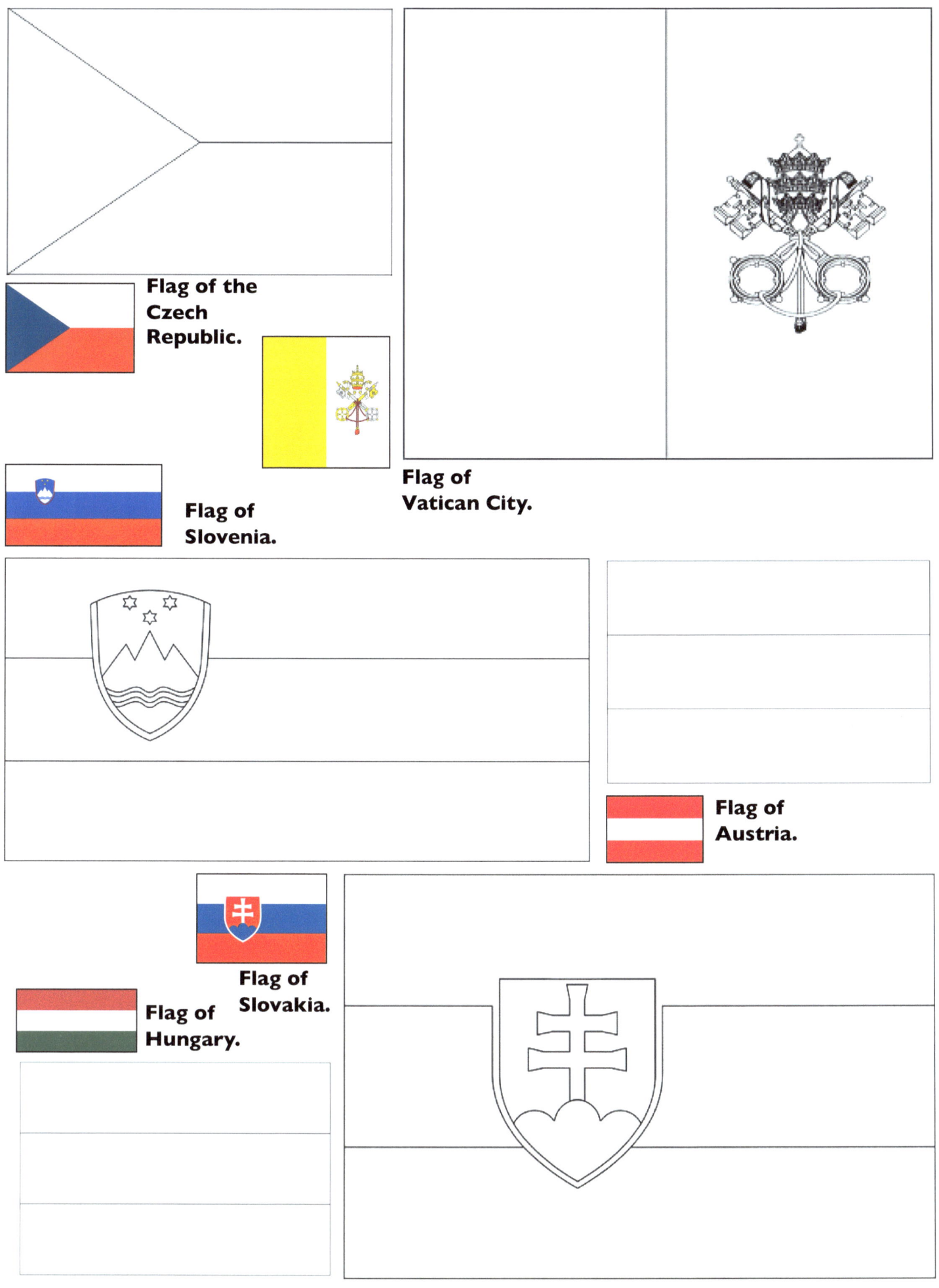

Flag of the Czech Republic.

Flag of Vatican City.

Flag of Slovenia.

Flag of Austria.

Flag of Slovakia.

Flag of Hungary.

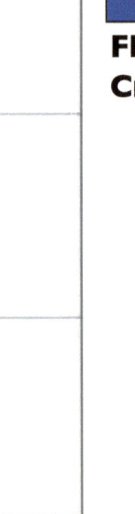

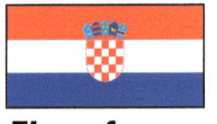

**Flag of
Croatia**

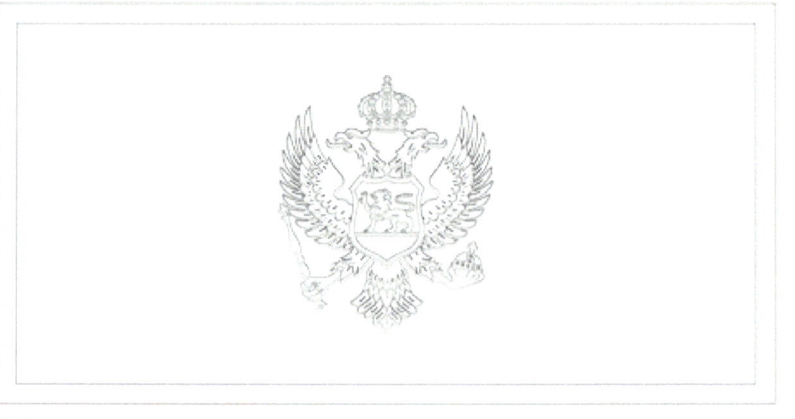

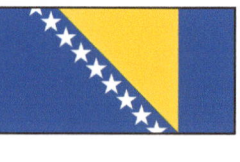

**Flag of
Bosnia and
Herzegovina.**

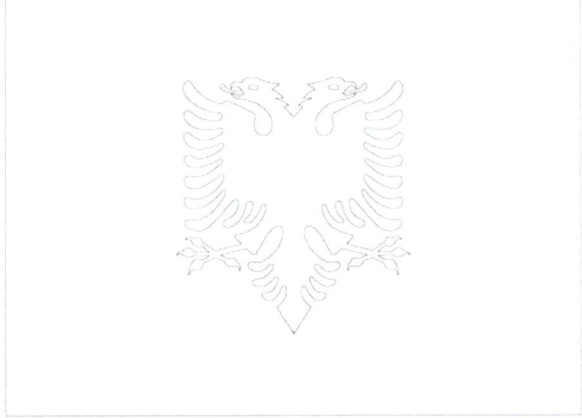

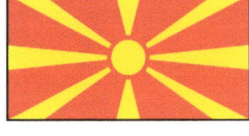

**Flag of North
Macedonia.**

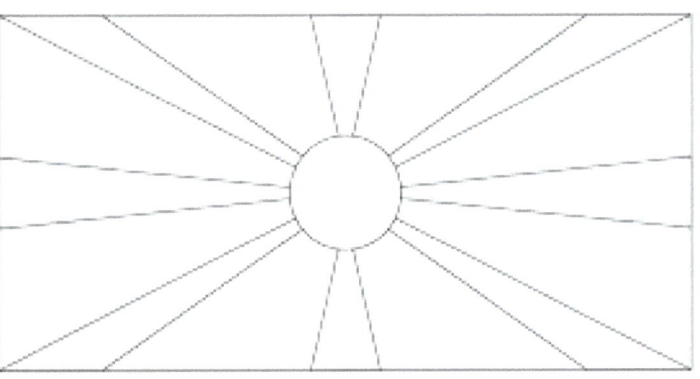

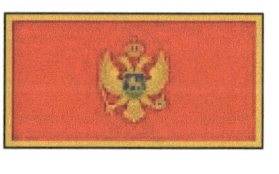

**Flag of
Montenegro.**

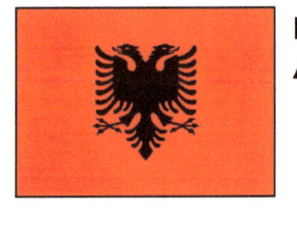

**Flag of
Albania.**

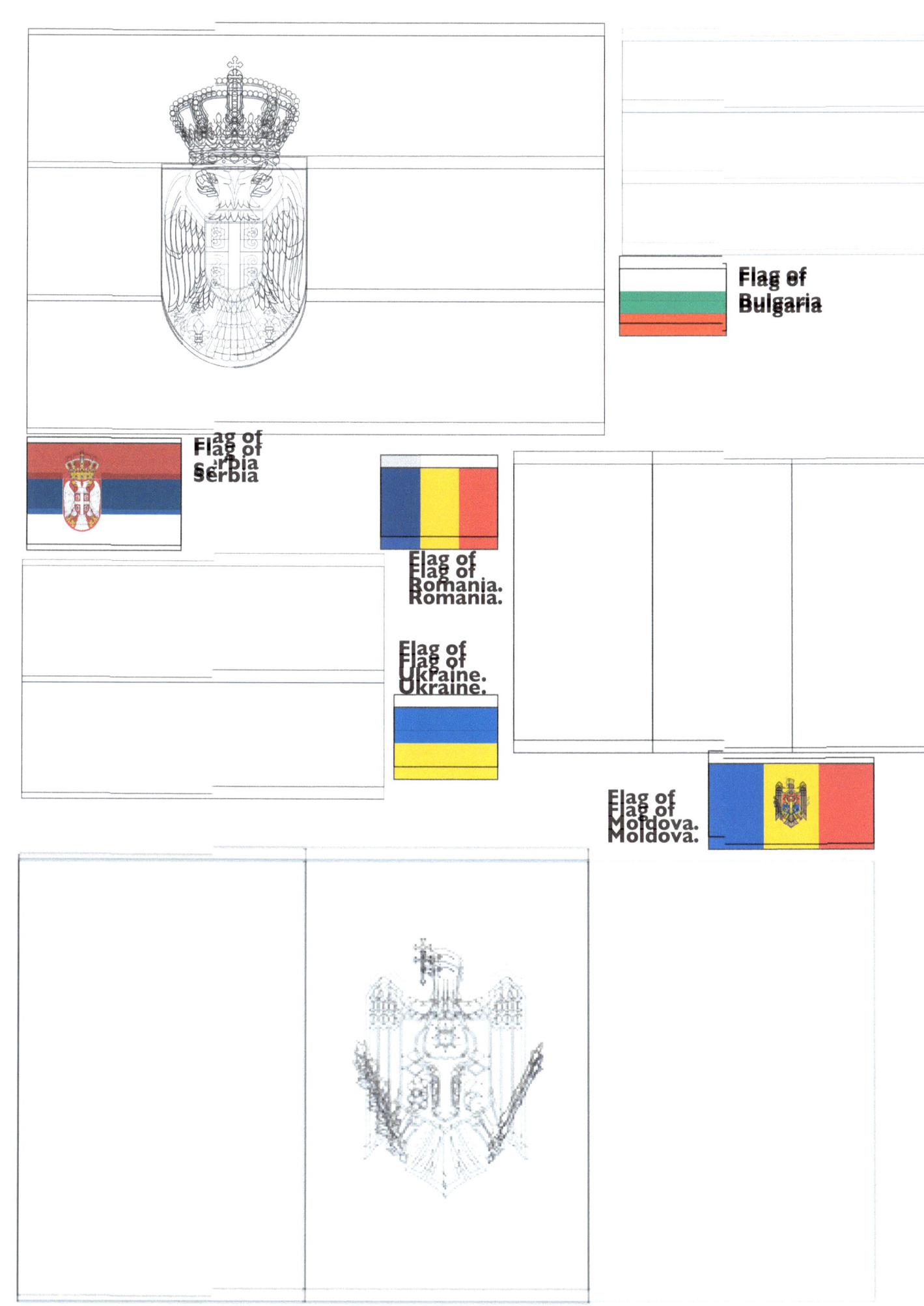

Flag of Serbia

Flag of Bulgaria

Flag of Romania.

Flag of Ukraine.

Flag of Moldova.

Flag of Lithuania.

Flag of Estonia.

Flag of Latvia.

Flag of Russia.

Flag of Belarus.

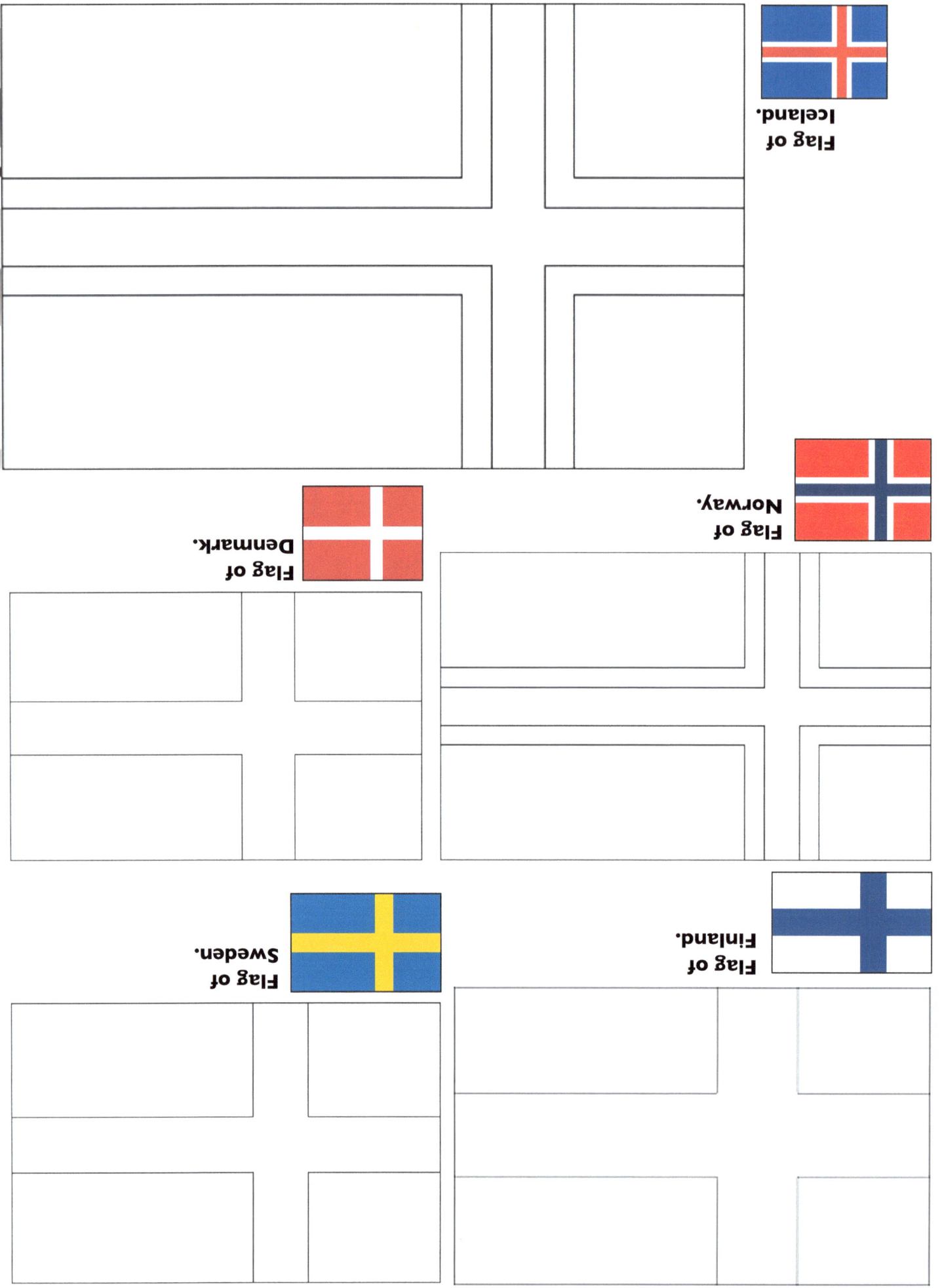

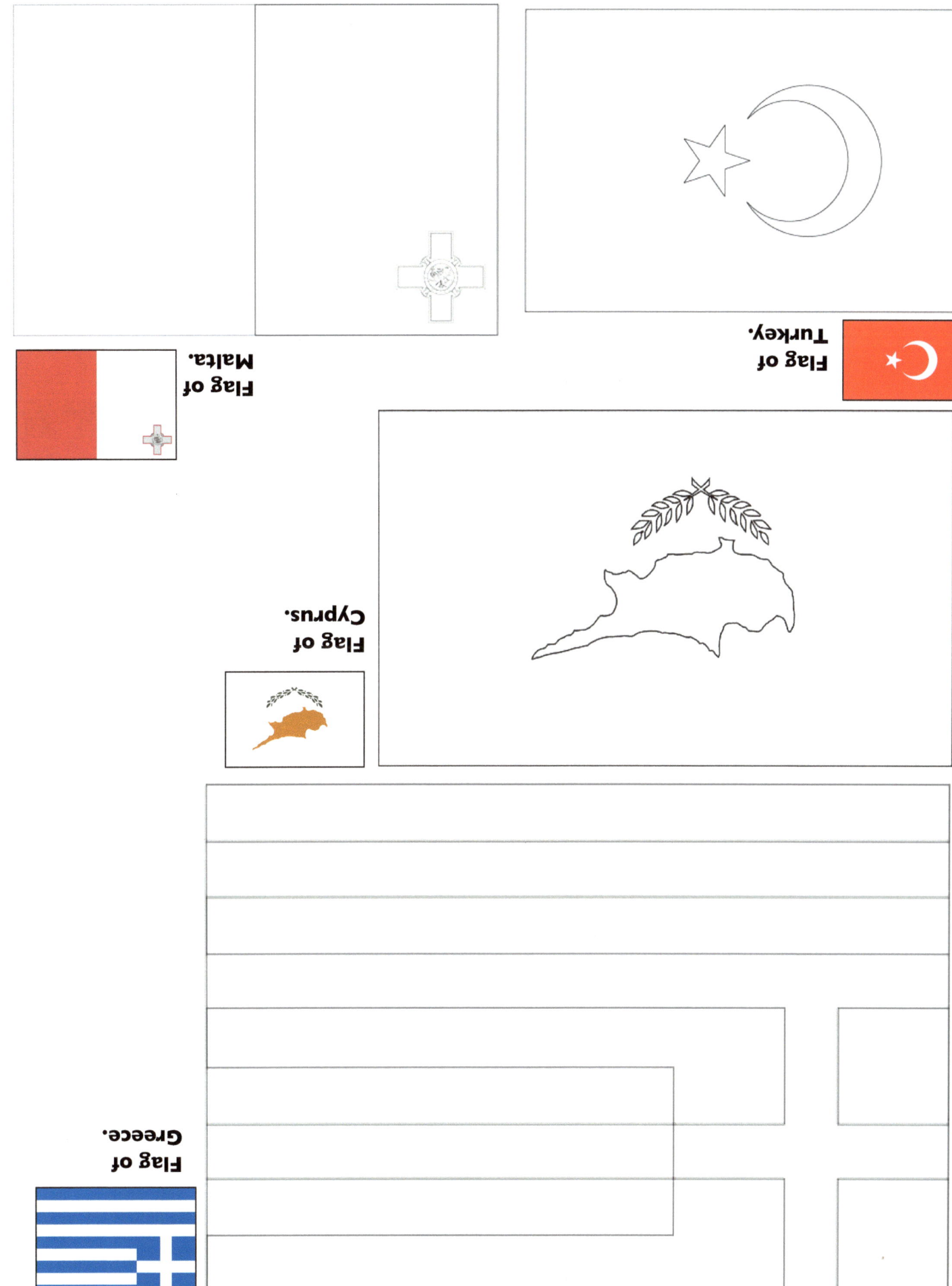

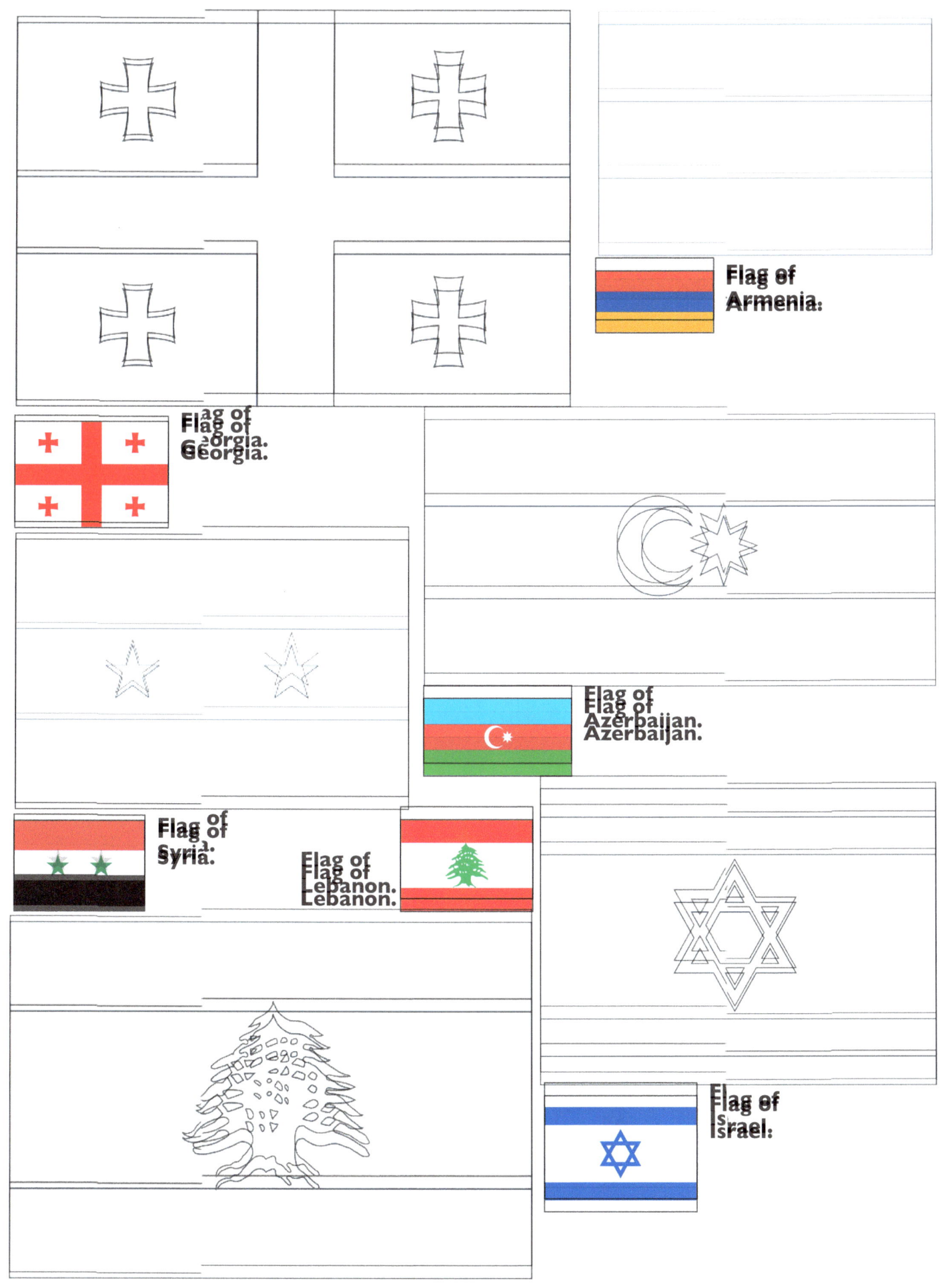

Flag of Armenia.

Flag of Georgia.

Flag of Azerbaijan.

Flag of Syria.

Flag of Lebanon.

Flag of Israel.

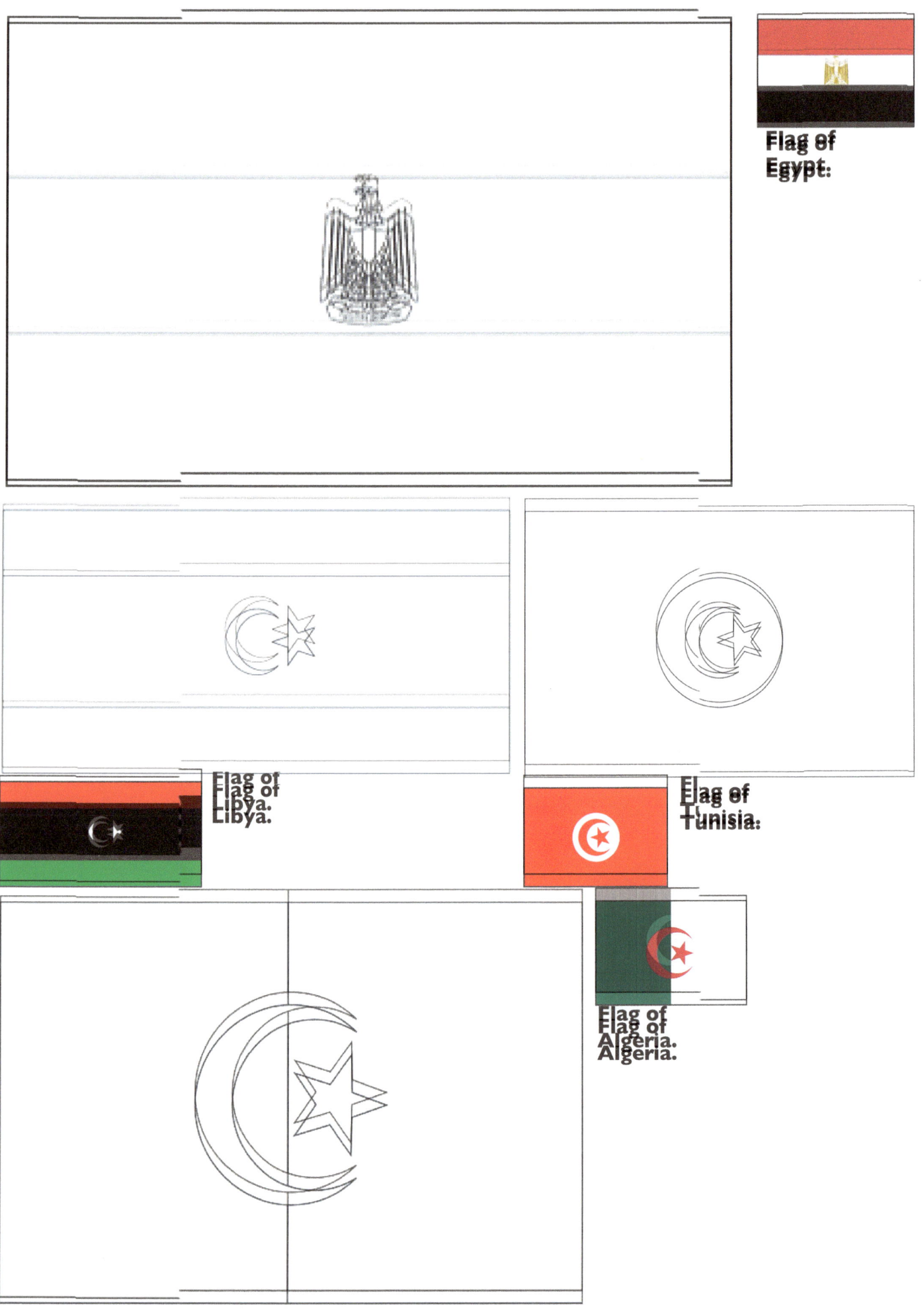

Flag of Egypt:

Flag of Libya.

Flag of Tunisia:

Flag of Algeria.

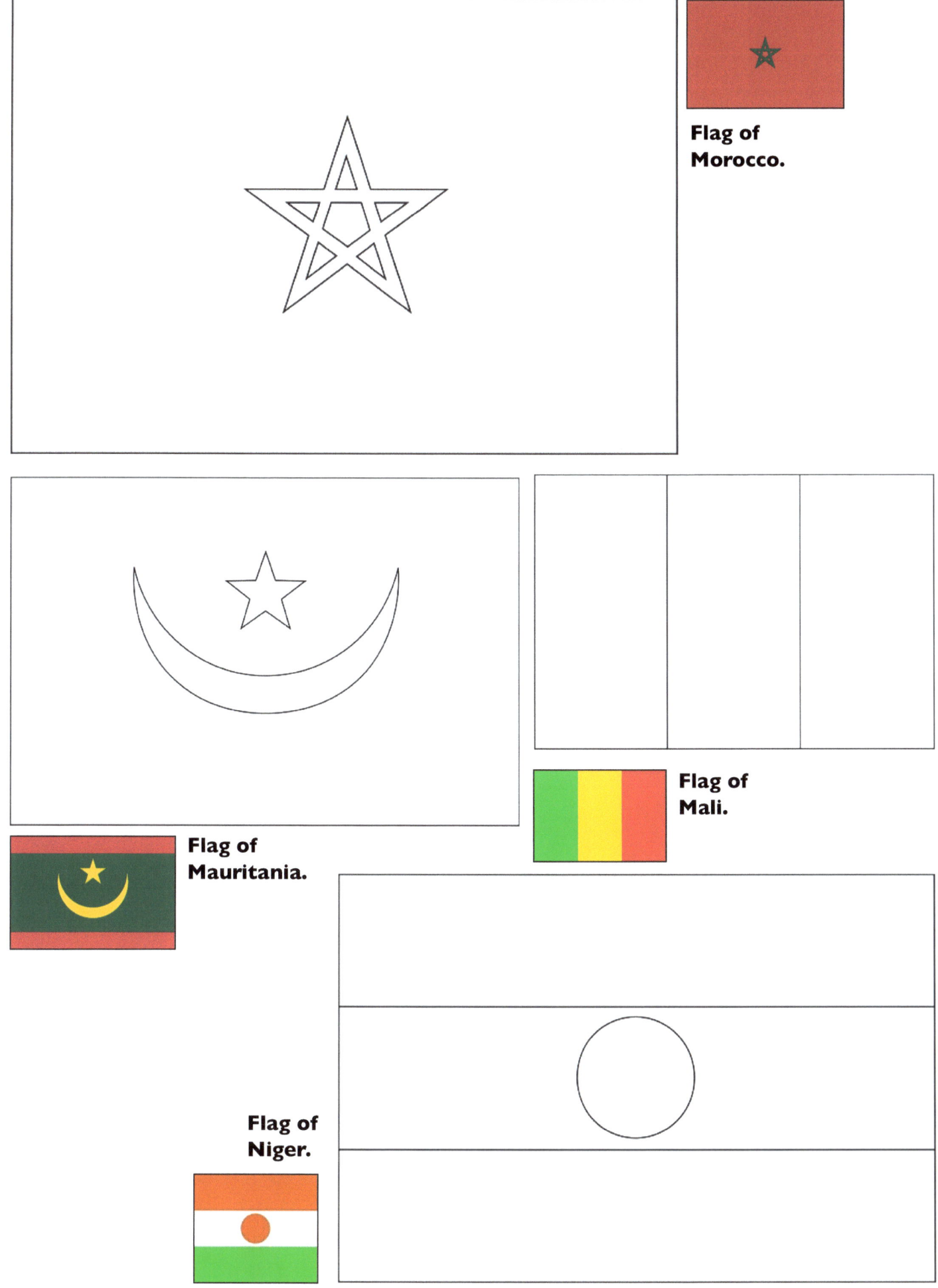

Flag of Morocco.

Flag of Mauritania.

Flag of Mali.

Flag of Niger.

Flag of Chad.

Flag of Sudan.

Flag of Eritrea.

Flag of Djibouti.

Flag of Ethiopia.

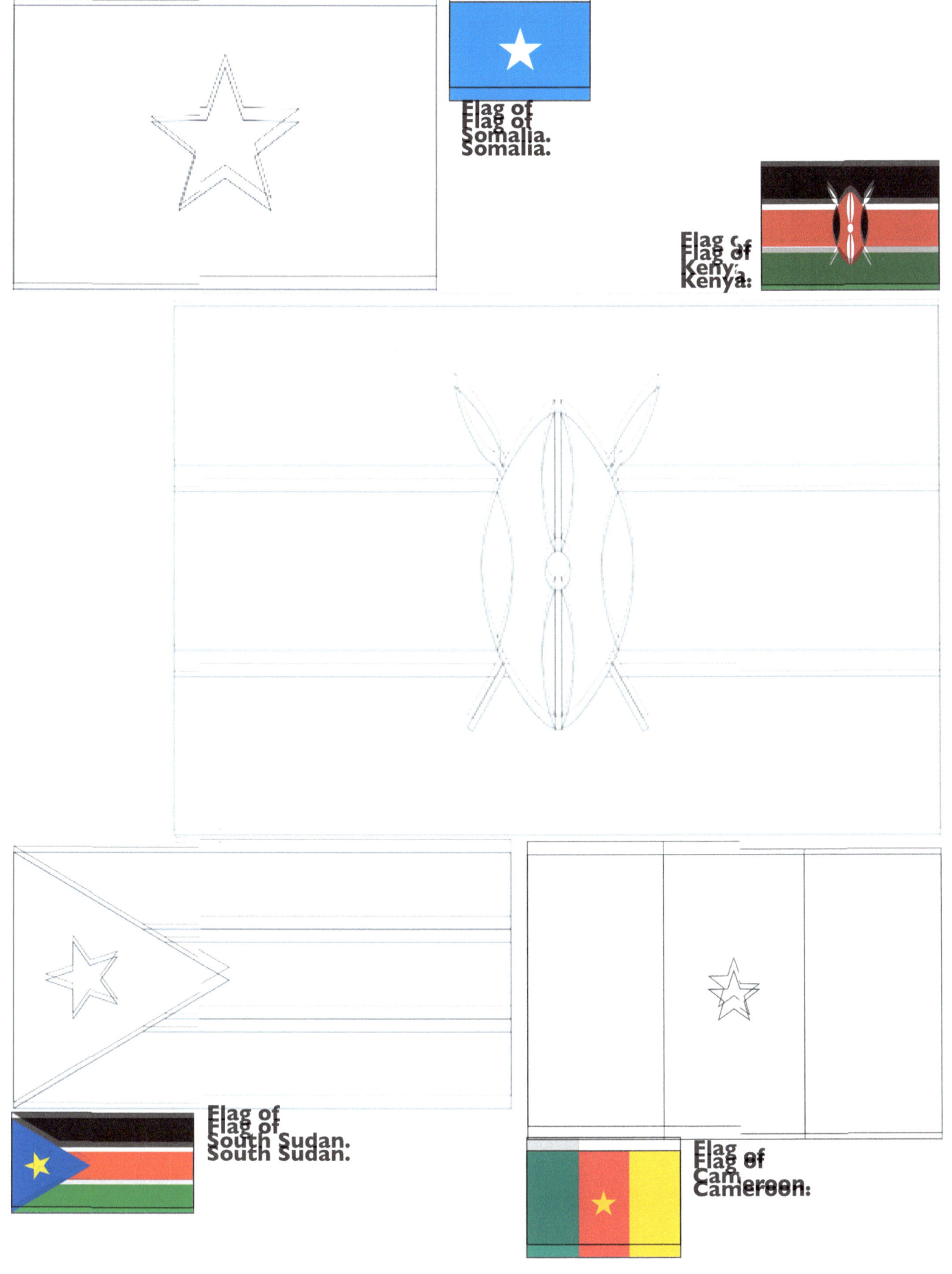

**Flag of
Somalia.**

**Flag of
Kenya.**

**Flag of
South Sudan.**

**Flag of
Cameroon.**

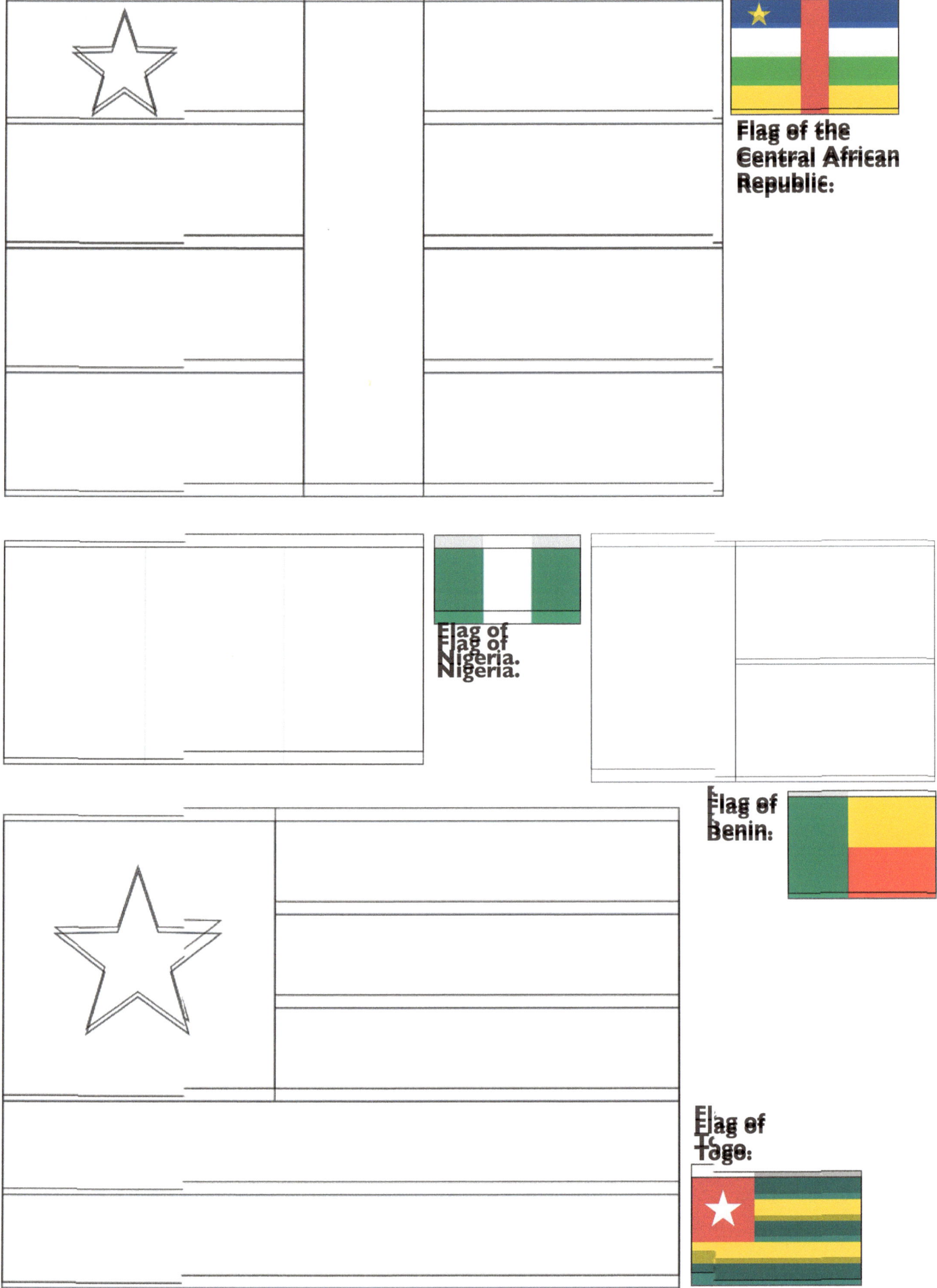

Flag of the Central African Republic:

Flag of Nigeria.

Flag of Benin:

Flag of Togo:

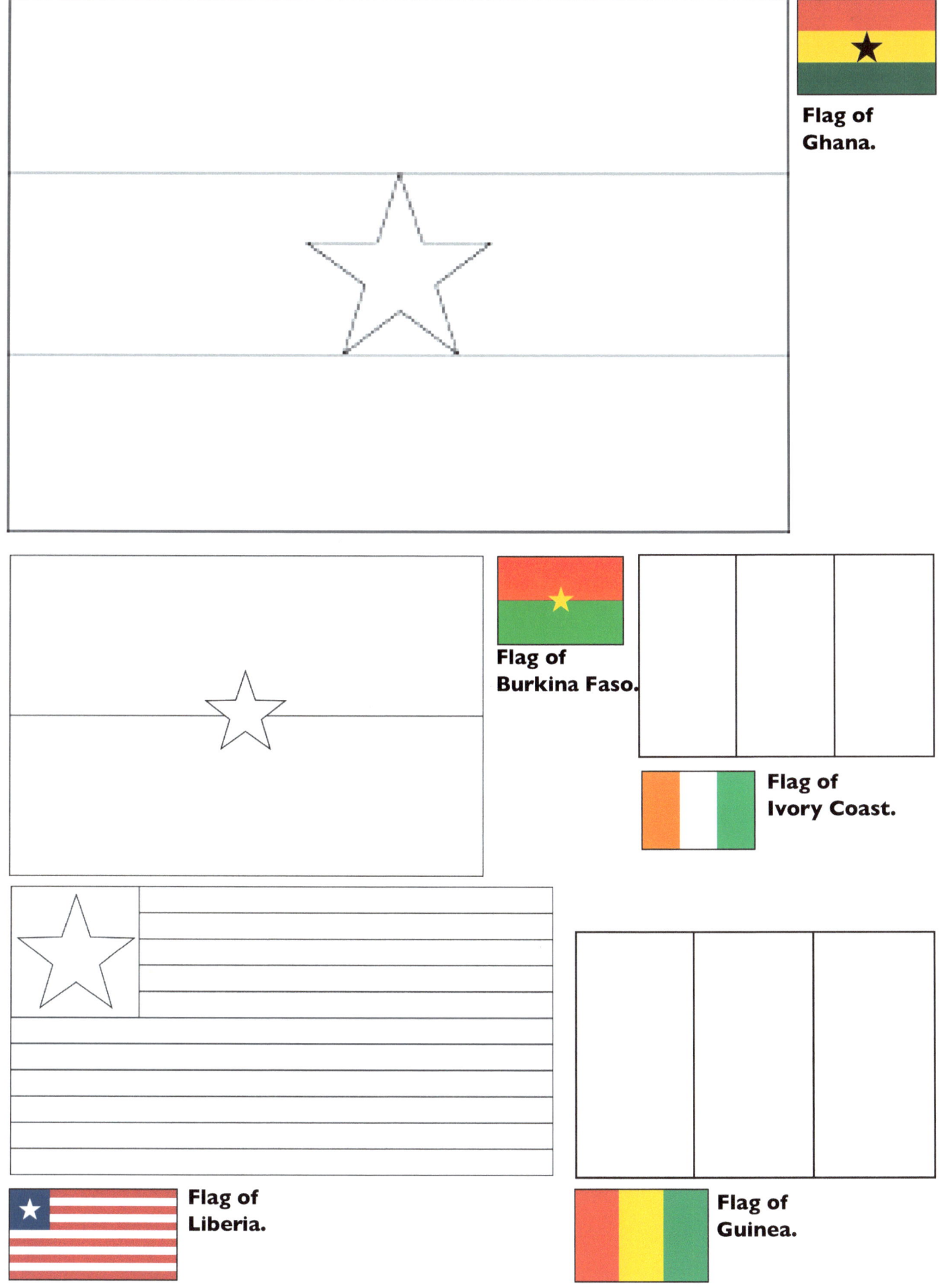

Flag of Ghana.

Flag of Burkina Faso.

Flag of Ivory Coast.

Flag of Liberia.

Flag of Guinea.

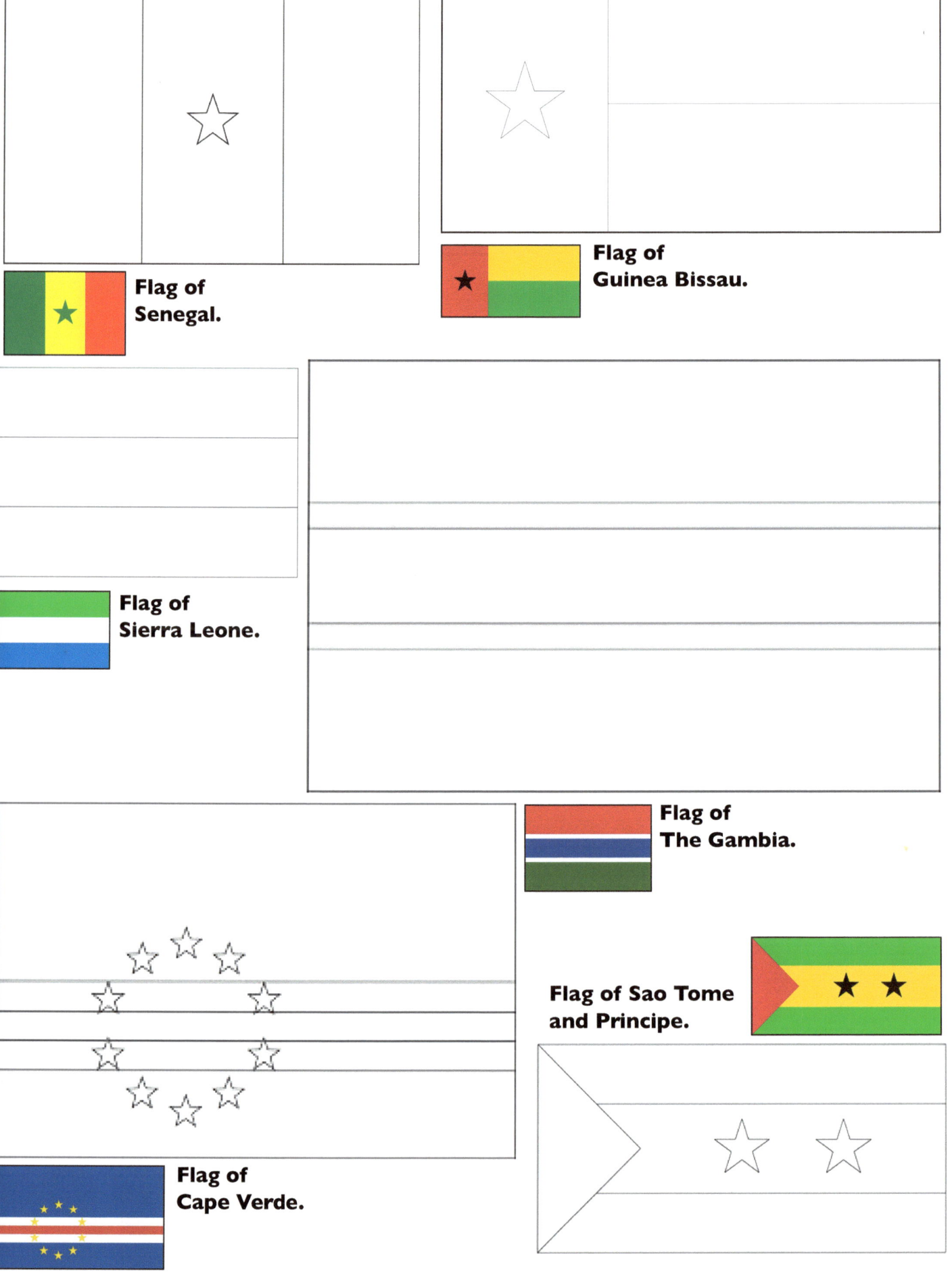

Flag of Senegal.

Flag of Guinea Bissau.

Flag of Sierra Leone.

Flag of The Gambia.

Flag of Sao Tome and Principe.

Flag of Cape Verde.

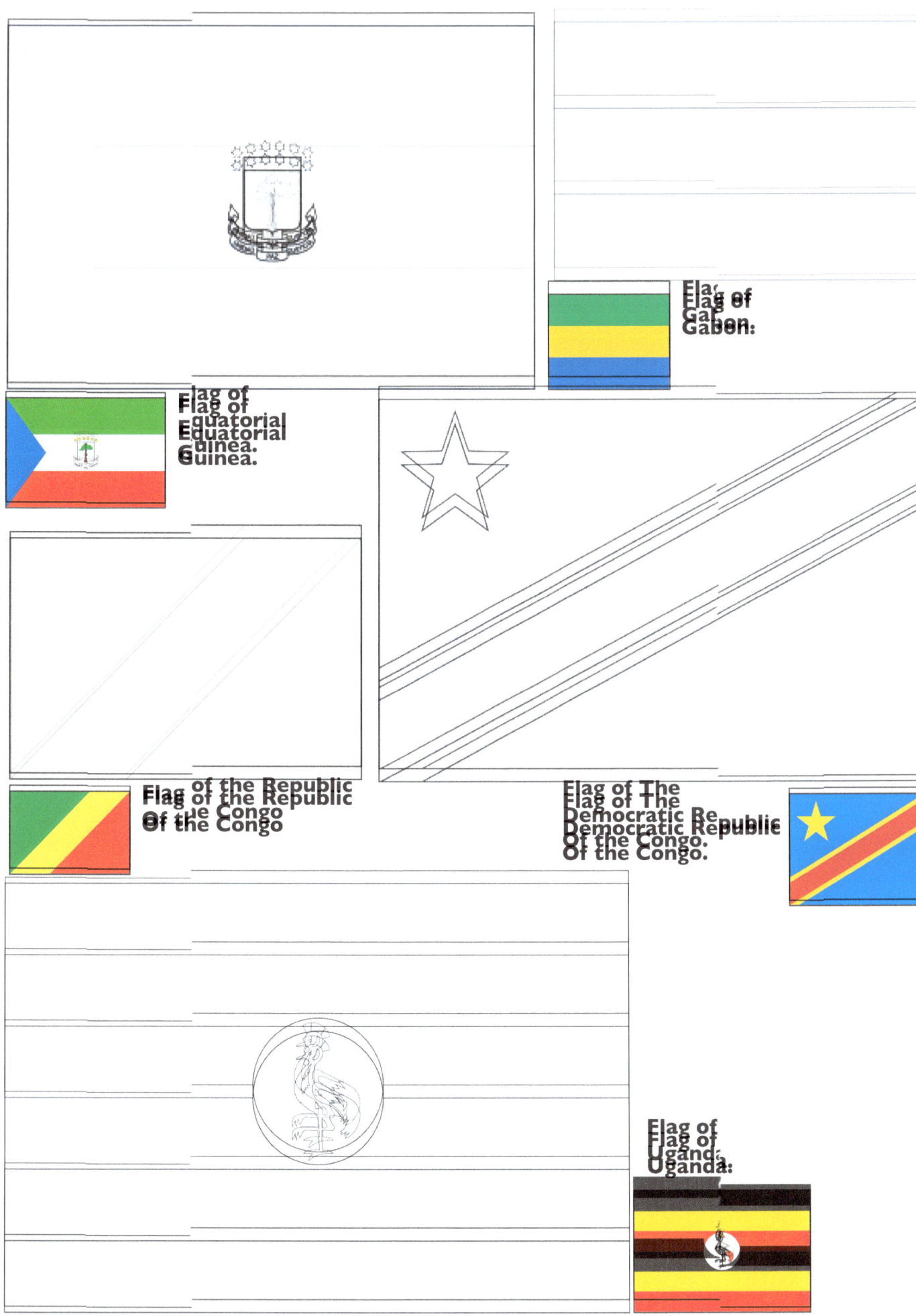

**Flag of
Gabon:**

**Flag of
Equatorial
Guinea.**

**Flag of the Republic
Of the Congo**

**Flag of The
Democratic Republic
Of the Congo.**

**Flag of
Uganda:**

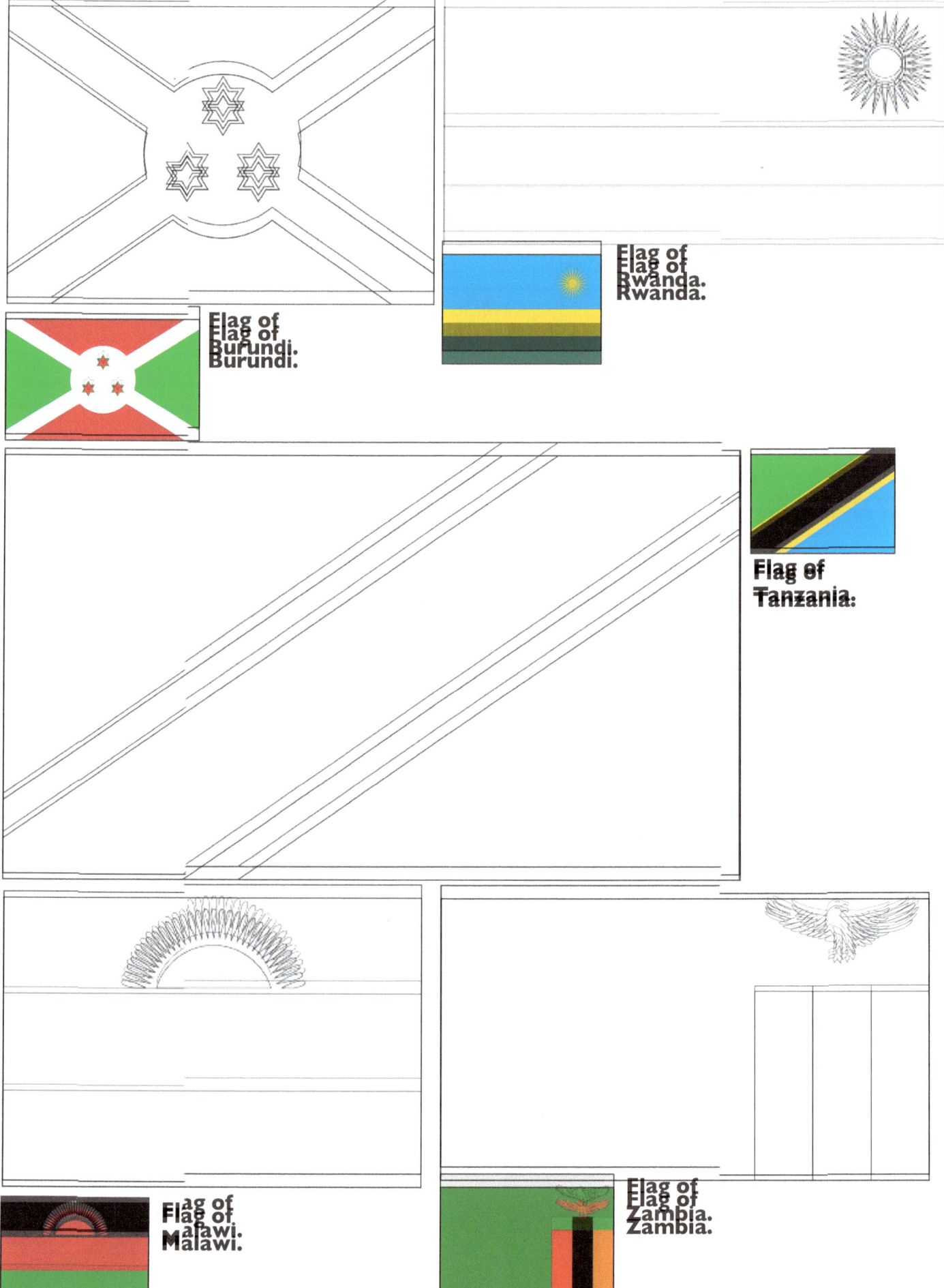

Flag of
Burundi.

Flag of
Rwanda.

Flag of
Tanzania.

Flag of
Malawi.

Flag of
Zambia.

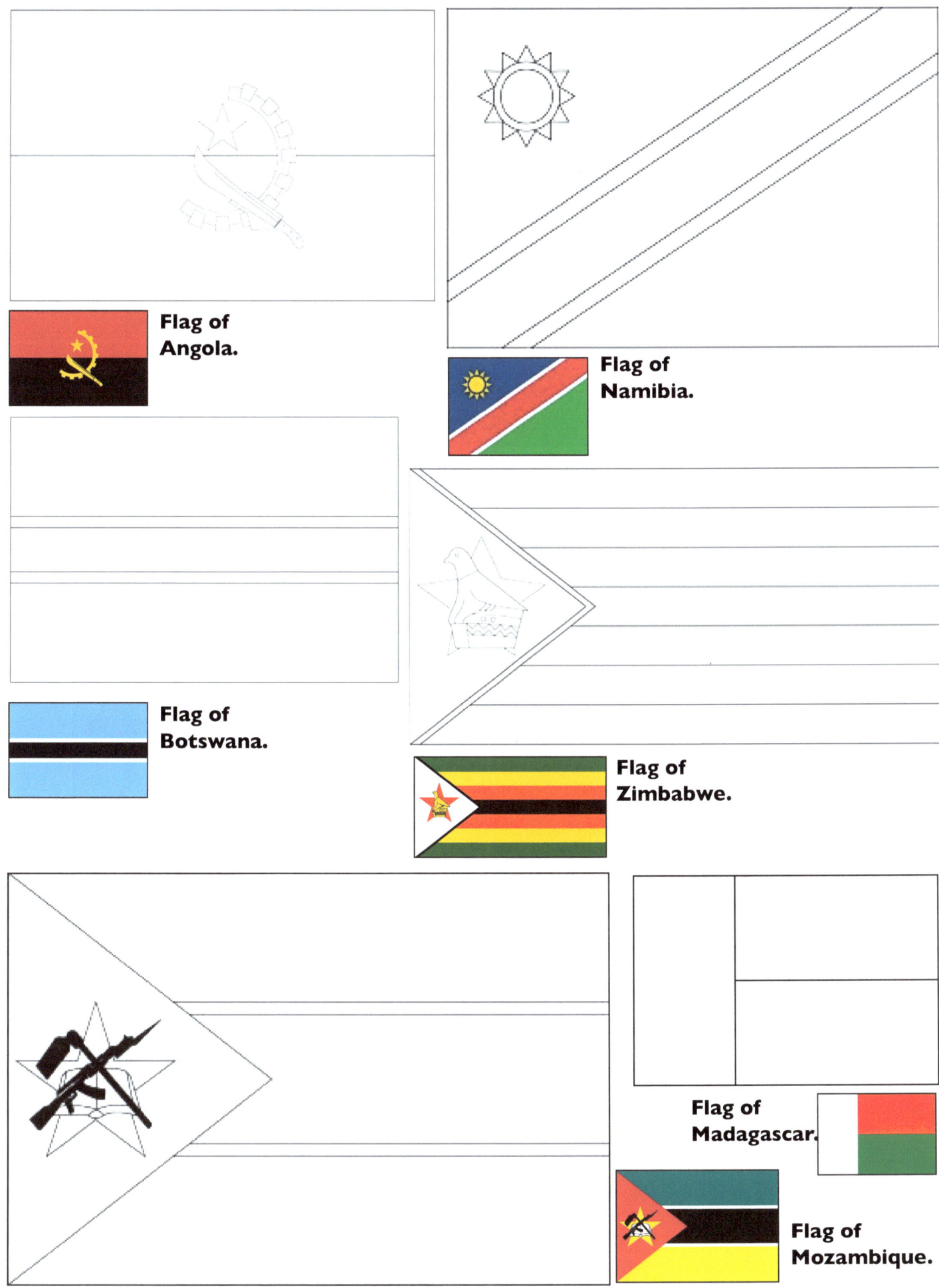

Flag of Angola.

Flag of Namibia.

Flag of Botswana.

Flag of Zimbabwe.

Flag of Madagascar.

Flag of Mozambique.

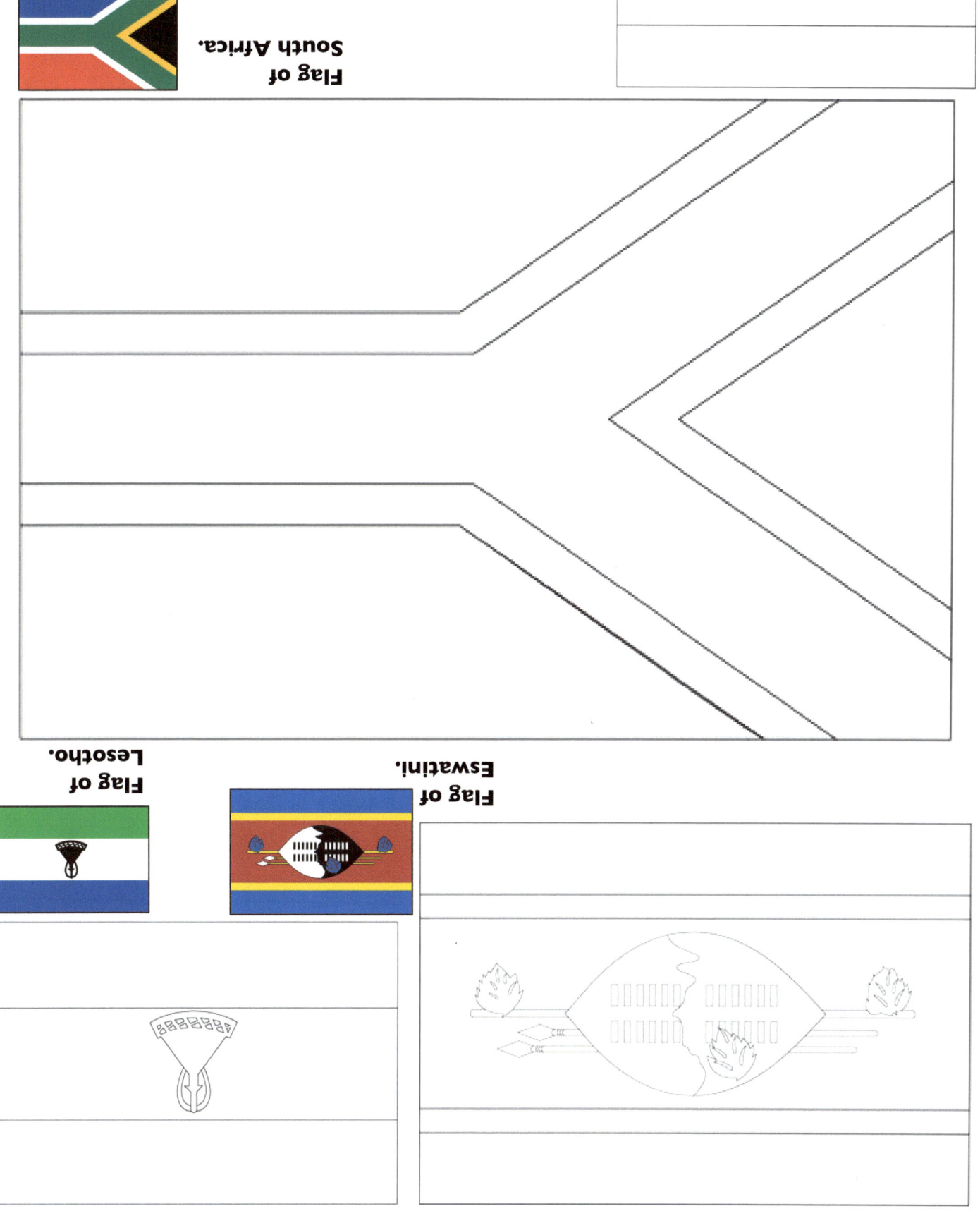

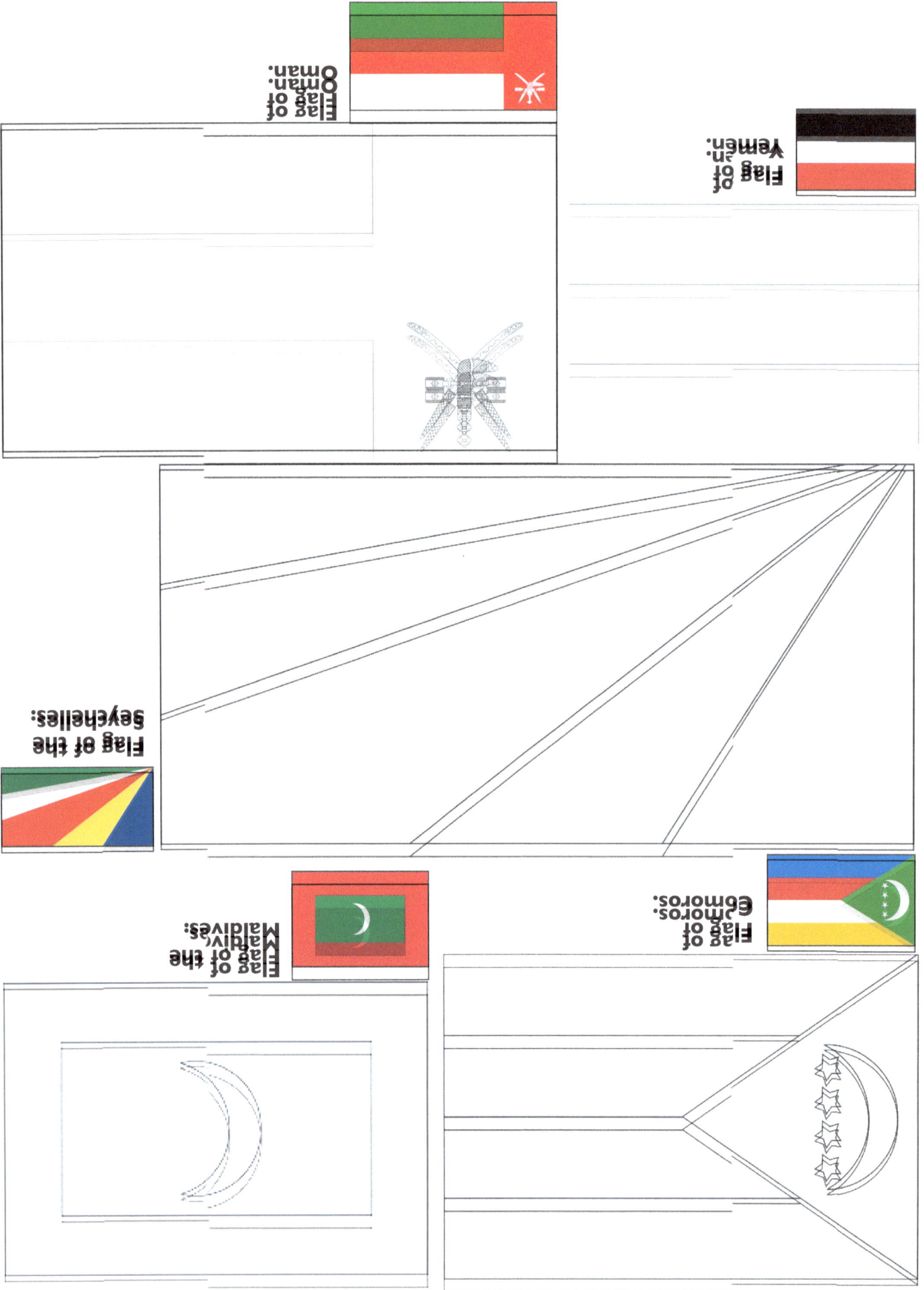

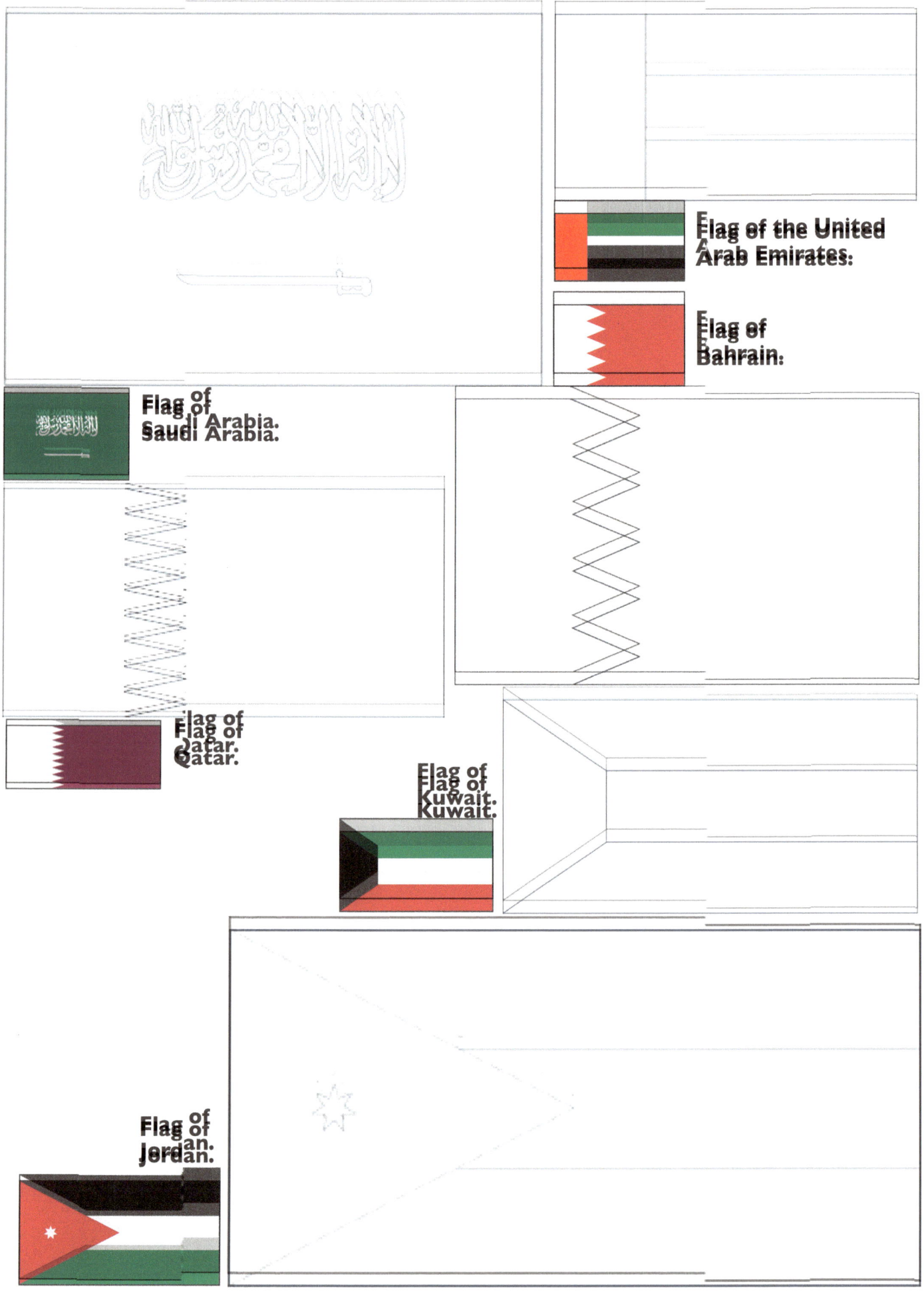

Flag of the United Arab Emirates.

Flag of Bahrain.

Flag of Saudi Arabia.

Flag of Qatar.

Flag of Kuwait.

Flag of Jordan.

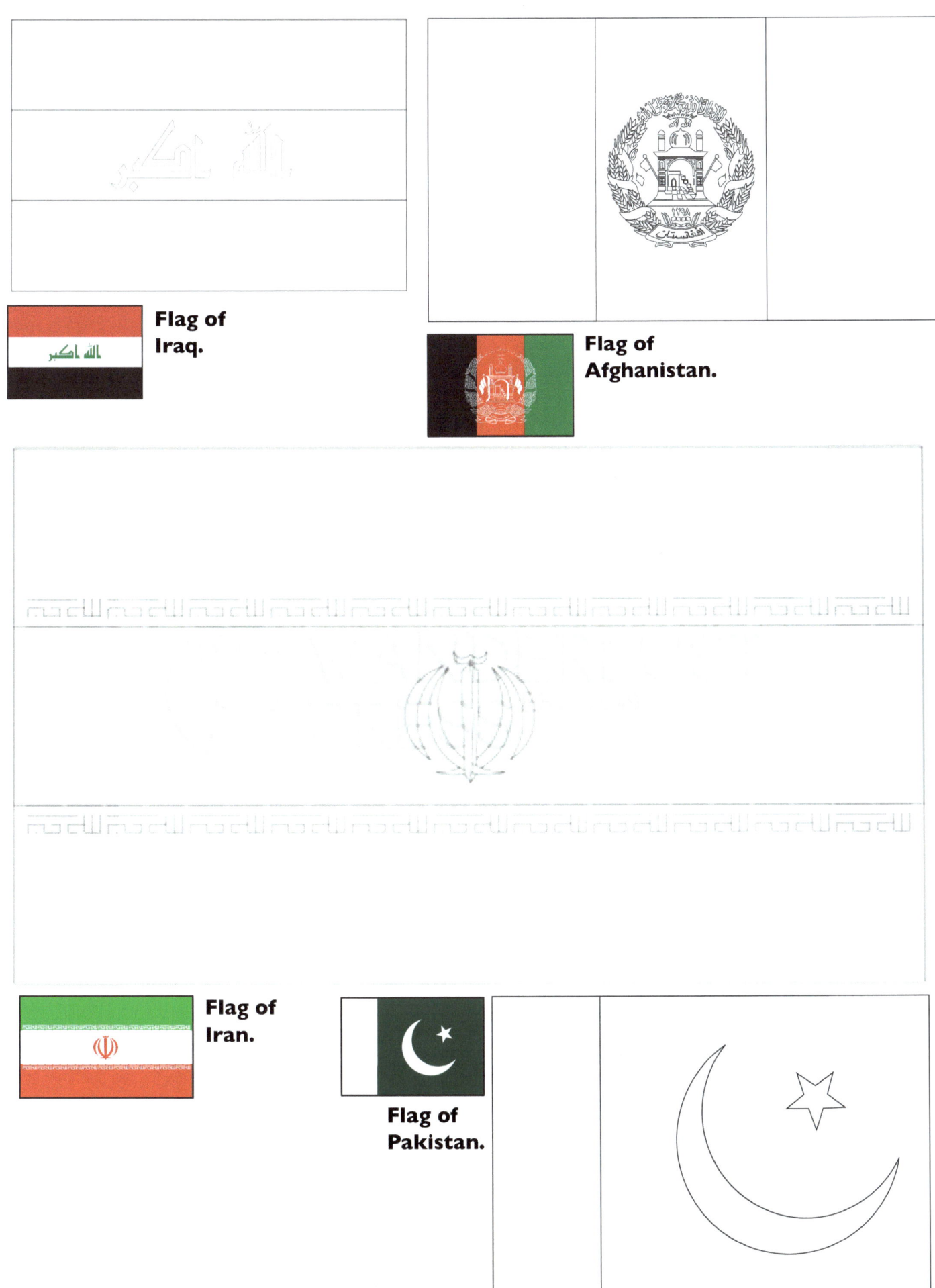

Flag of Iraq.

Flag of Afghanistan.

Flag of Iran.

Flag of Pakistan.

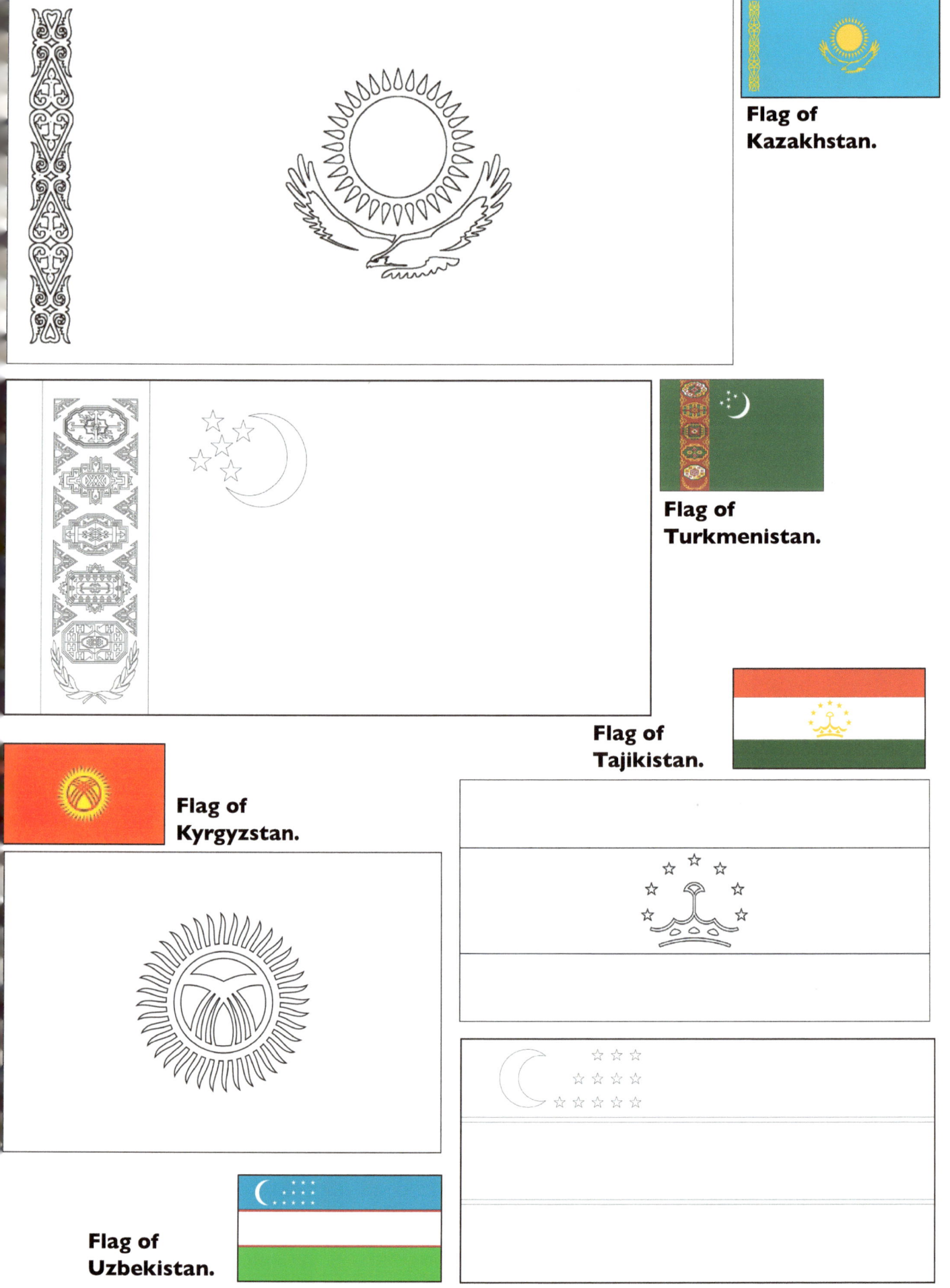

Flag of Kazakhstan.

Flag of Turkmenistan.

Flag of Tajikistan.

Flag of Kyrgyzstan.

Flag of Uzbekistan.

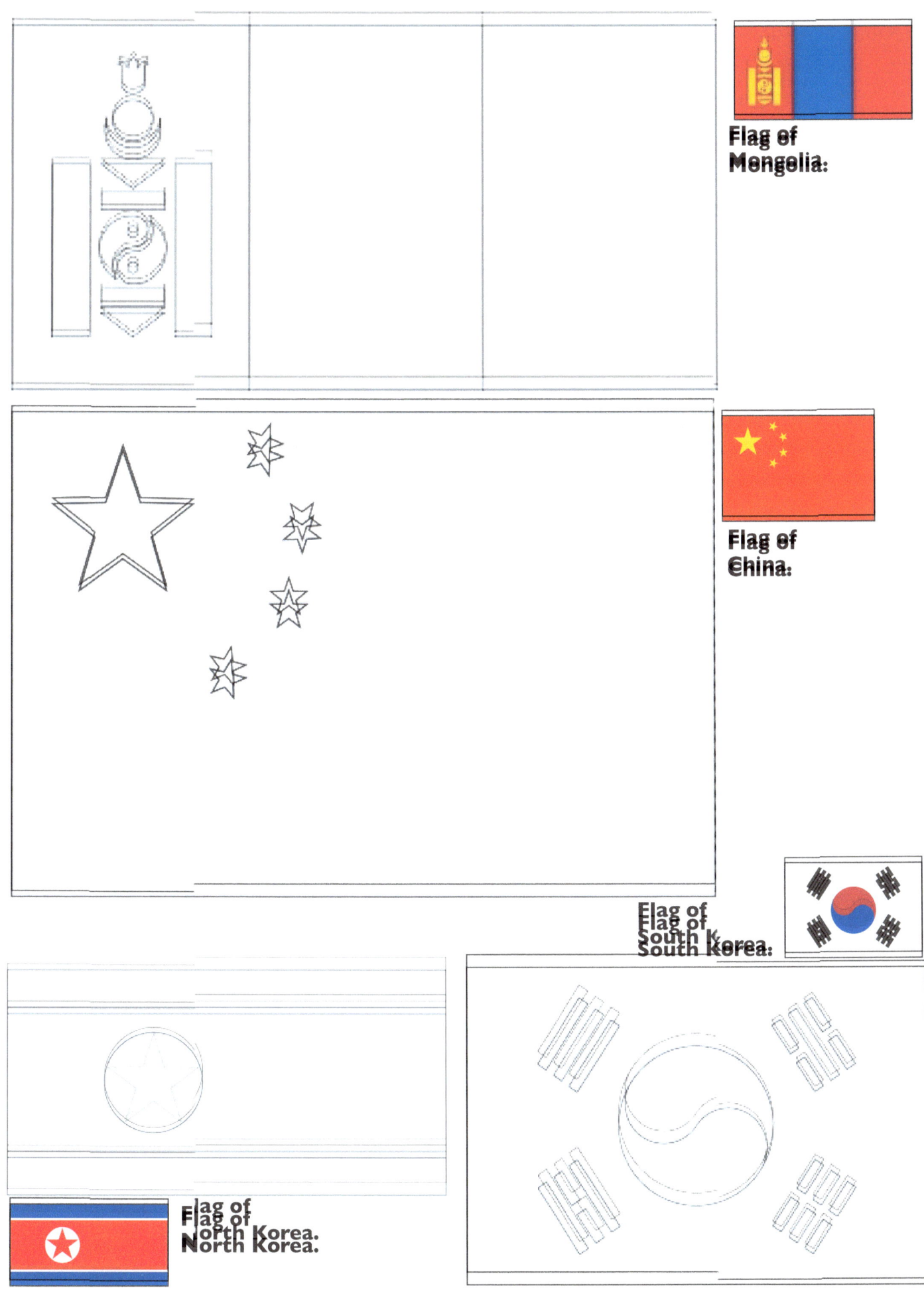

Flag of Mongolia:

Flag of China:

Flag of South K.
Flag of South Korea:

Flag of North Korea.
Flag of North Korea.

Flag of Japan.

Flag of Nepal.

Flag of India:

Flag of Bhutan:

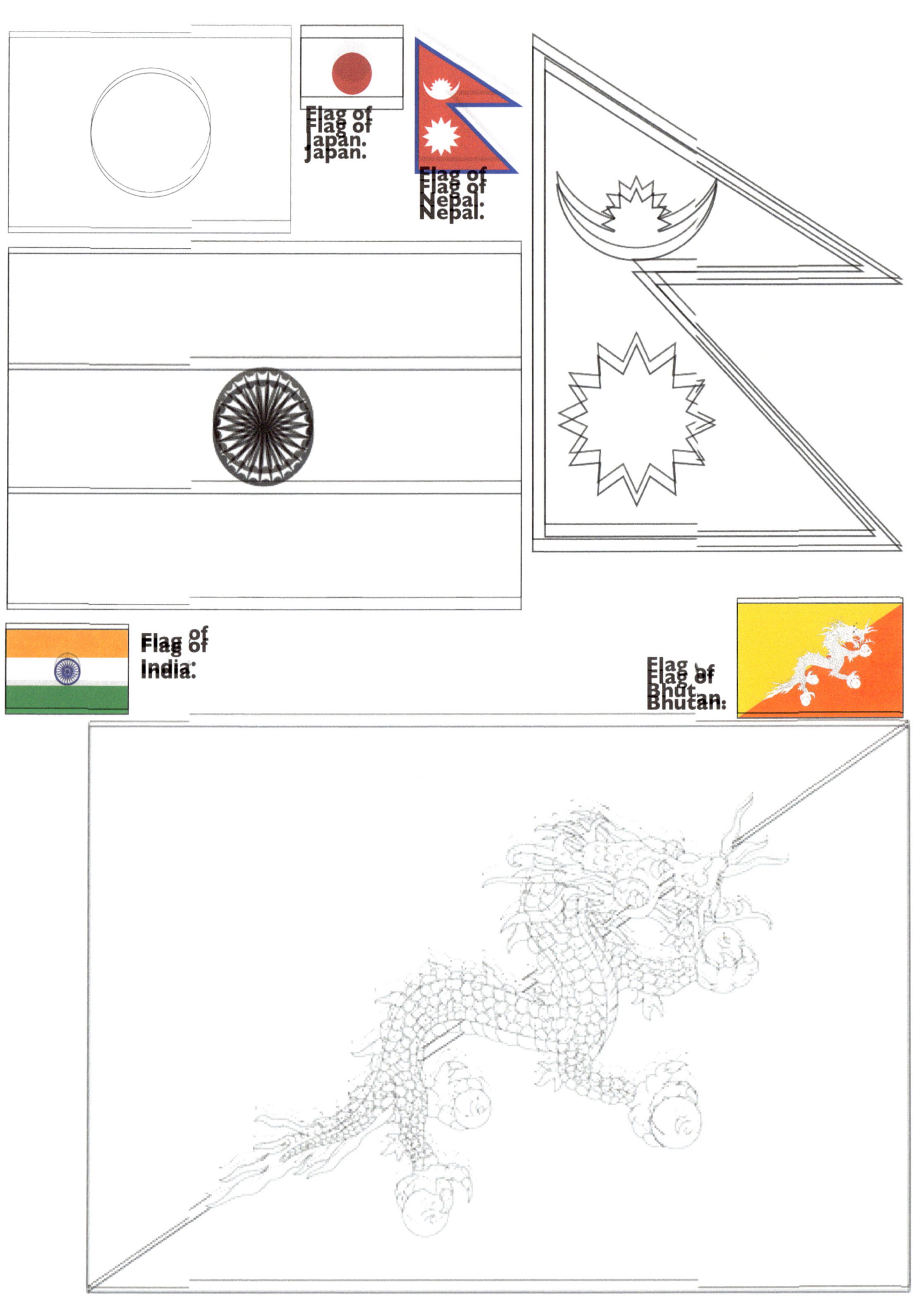

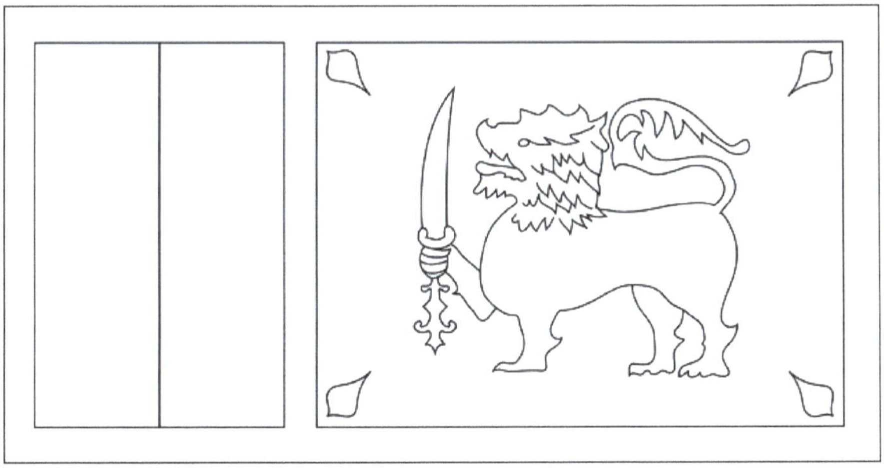

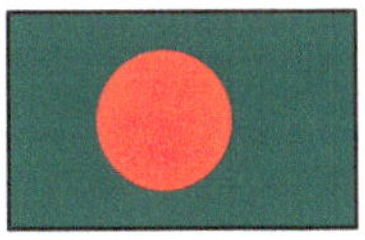

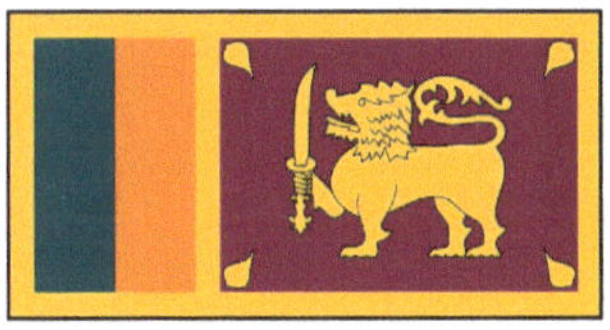

**Flag of
Sri Lanka.**

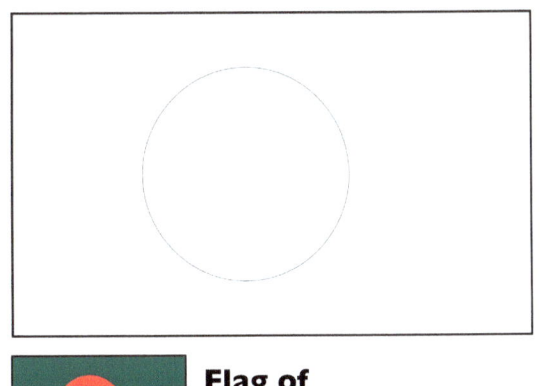

**Flag of
Bangladesh.**

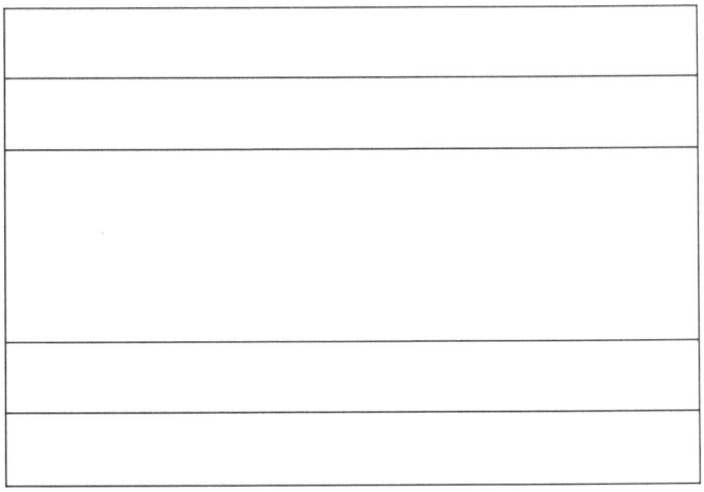

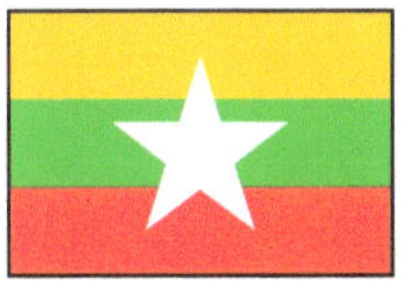

**Flag of
Myanmar.**

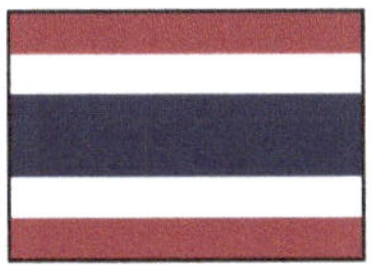

**Flag of
Thailand.**

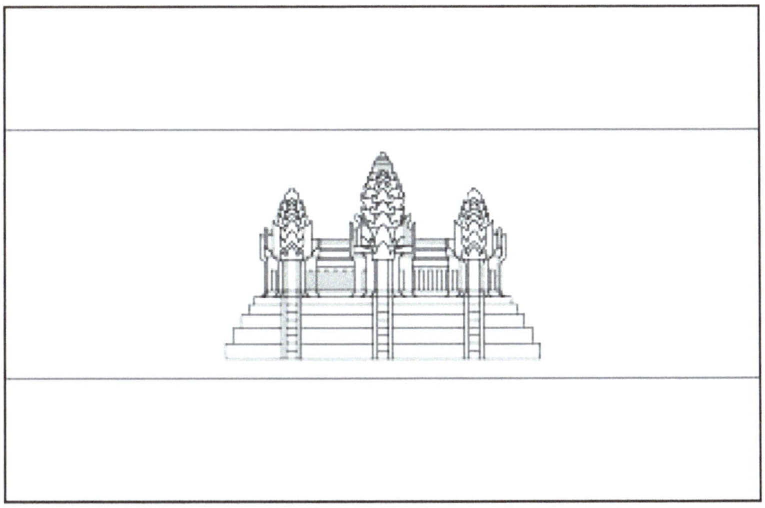

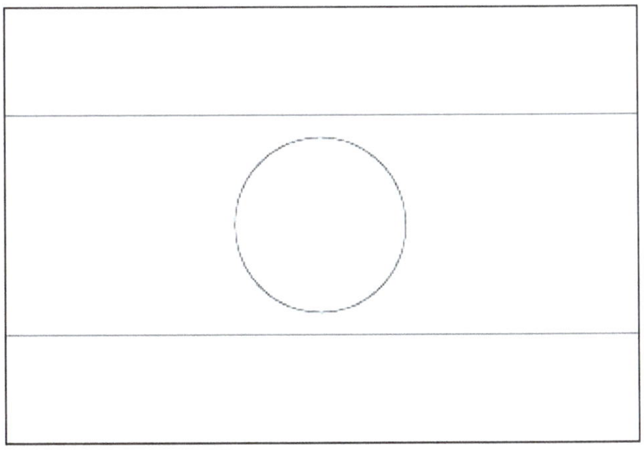

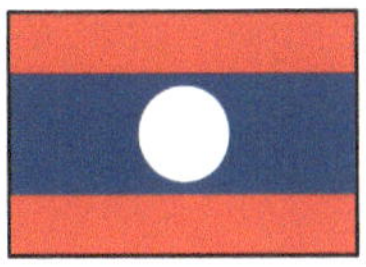

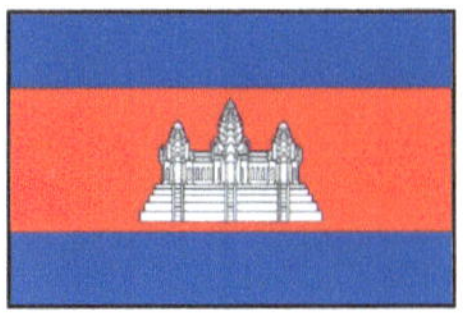

**Flag of
Cambodia.**

**Flag of
Laos.**

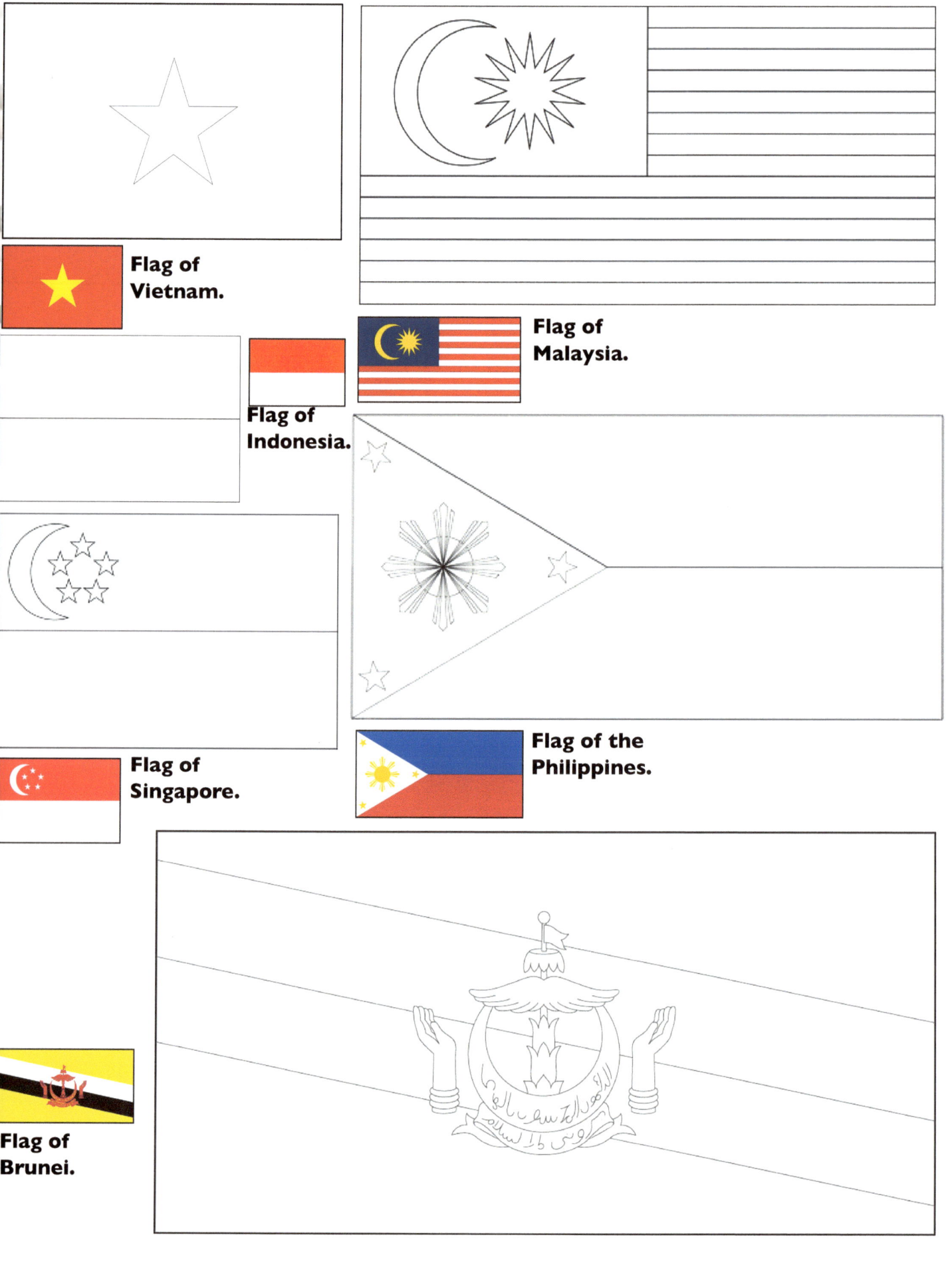

Flag of Vietnam.

Flag of Malaysia.

Flag of Indonesia.

Flag of Singapore.

Flag of the Philippines.

Flag of Brunei.

FLAGS OF AUSTRALIA & OCEANIA

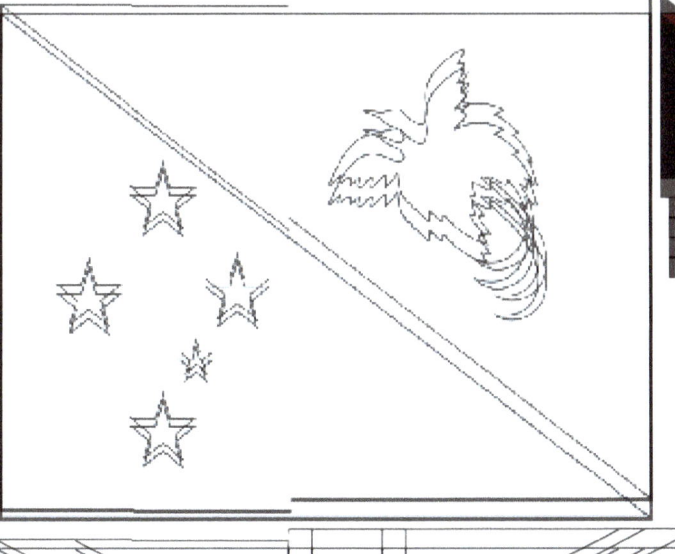

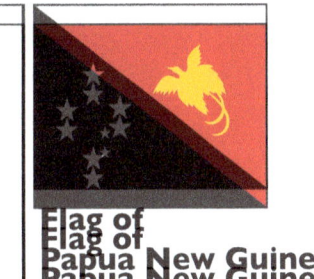

**Flag of
Papua New Guinea.**

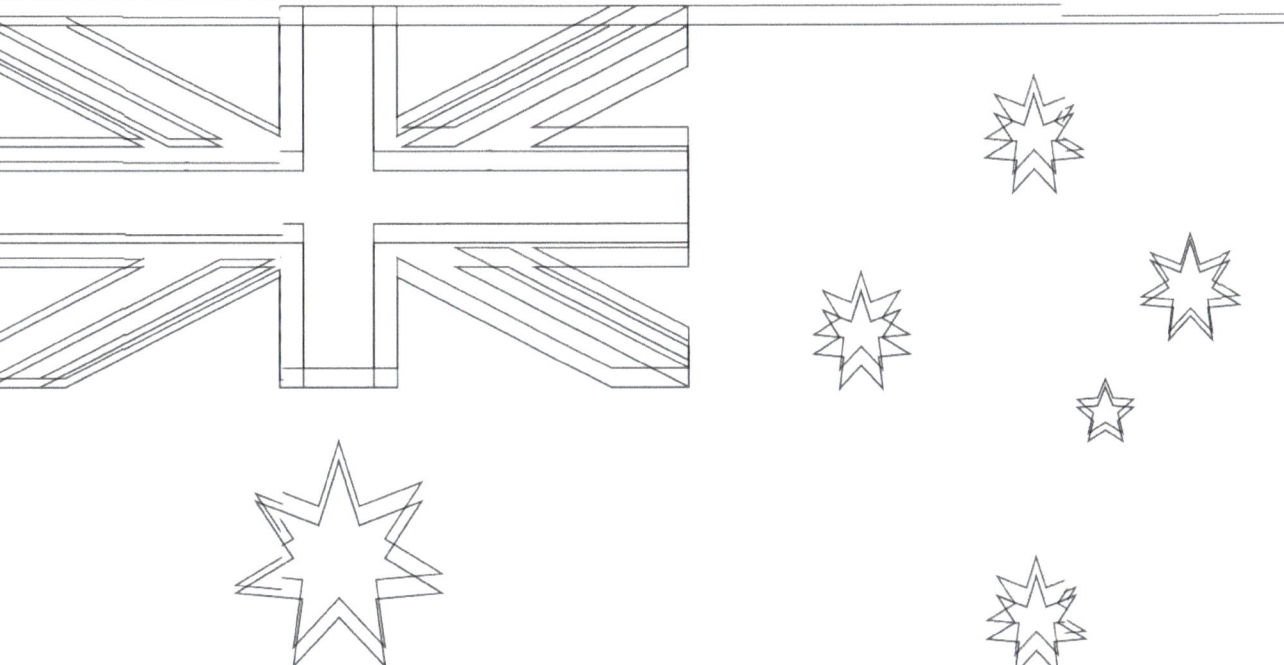

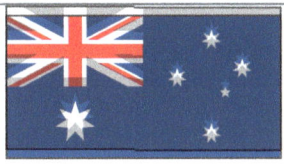

**Flag of
Australia.**

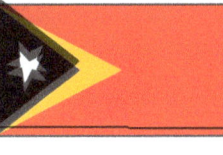

**Flag of
East Timor.**

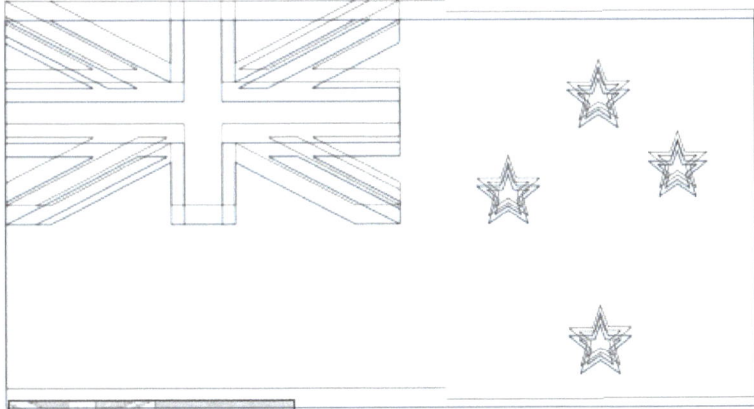

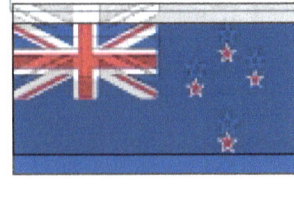

**Flag of
New Zealand.**

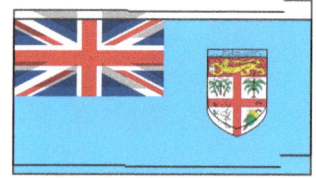

Flag of Fiji:

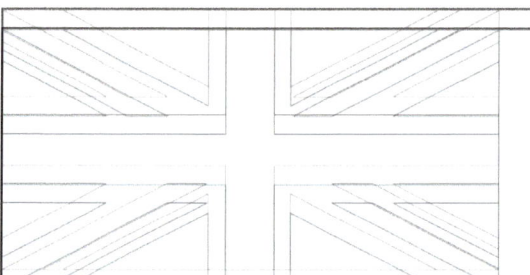

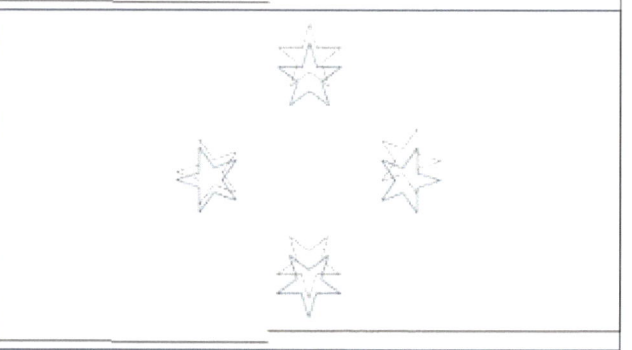

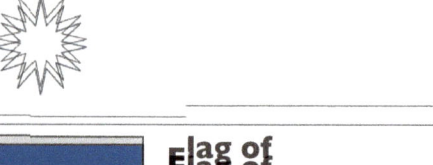

Flag of Tonga.

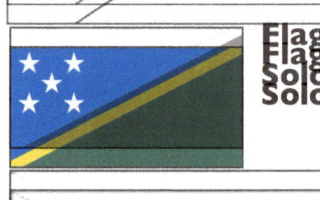

Flag of Solomon Islands:

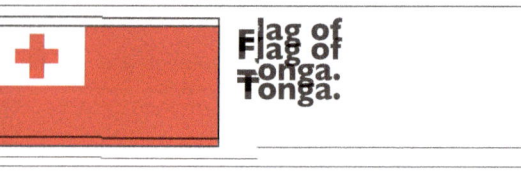

Flag of Nauru.

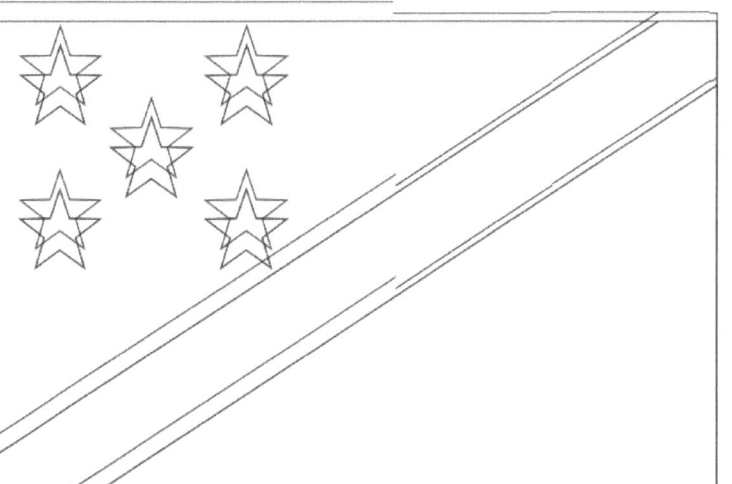

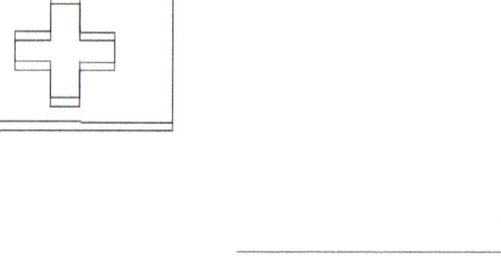

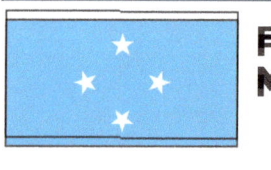

Flag of Micronesia.

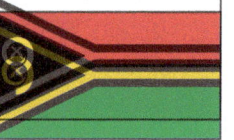

Flag of Vanuatu.

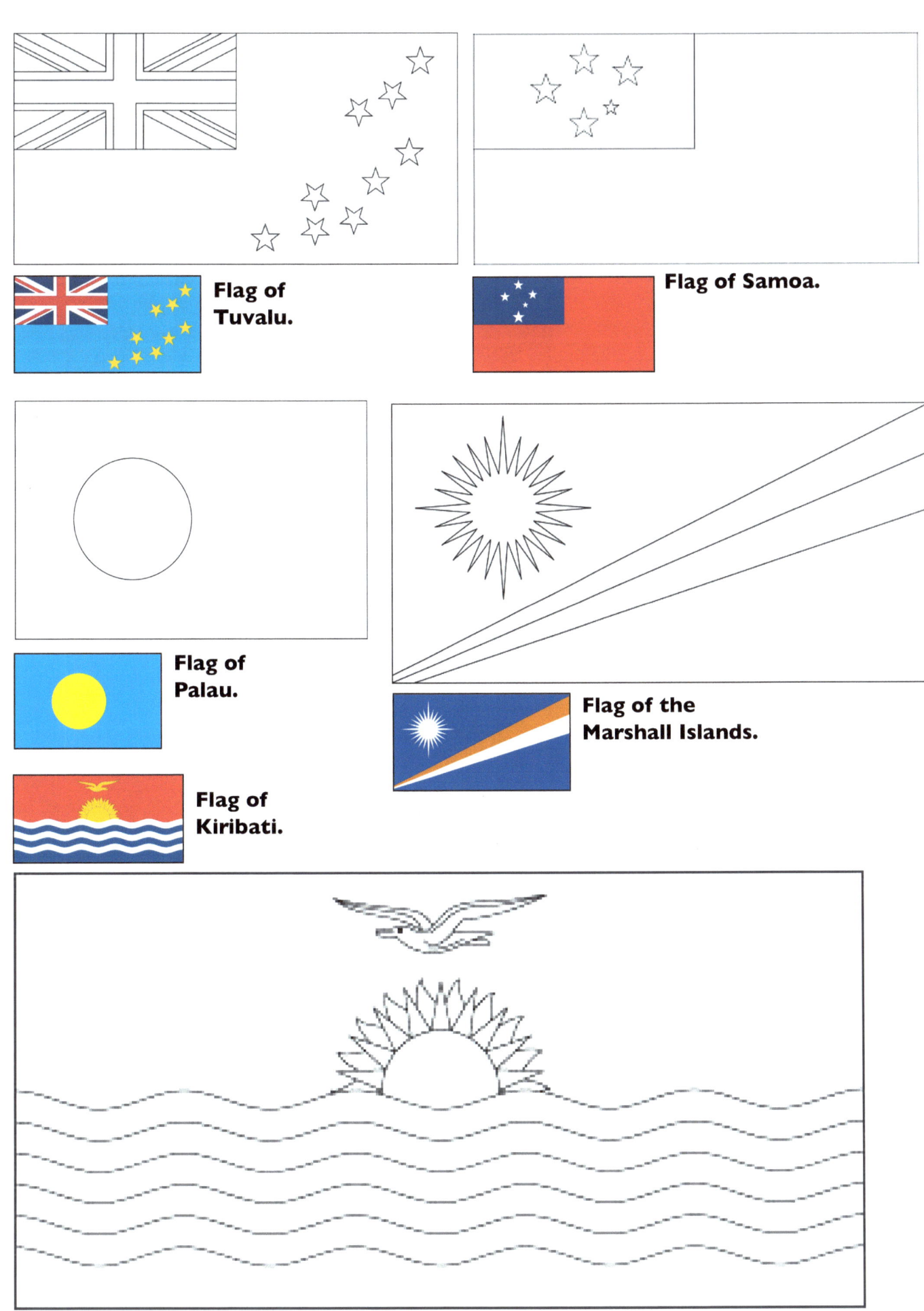

Flag of Tuvalu.

Flag of Samoa.

Flag of Palau.

Flag of the Marshall Islands.

Flag of Kiribati.